Horn / Fiene
Das Podcast-Buch

Dennis Horn
Daniel Fiene

Das Podcast-Buch

Bibliografische Information der Deutschen Bibliothek

Die Deutsche Bibliothek verzeichnet diese Publikation in der Deutschen Nationalbibliografie; detaillierte Daten sind im Internet über **http://dnb.ddb.de** abrufbar.

Wichtiger Hinweis

Alle Angaben in diesem Buch wurden vom Autor mit größter Sorgfalt erarbeitet bzw. zusammengestellt und unter Einschaltung wirksamer Kontrollmaßnahmen reproduziert. Trotzdem sind Fehler nicht ganz auszuschließen. Der Verlag und der Autor sehen sich deshalb gezwungen, darauf hinzuweisen, dass sie weder eine Garantie noch die juristische Verantwortung oder irgendeine Haftung für Folgen, die auf fehlerhafte Angaben zurückgehen, übernehmen können. Für die Mitteilung etwaiger Fehler sind Verlag und Autor jederzeit dankbar.
Internetadressen oder Versionsnummern stellen den bei Redaktionsschluss verfügbaren Informationsstand dar. Verlag und Autor übernehmen keinerlei Verantwortung oder Haftung für Veränderungen, die sich aus nicht von ihnen zu vertretenden Umständen ergeben.
Evtl. beigefügte oder zum Download angebotene Dateien und Informationen dienen ausschließlich der nicht gewerblichen Nutzung. Eine gewerbliche Nutzung ist nur mit Zustimmung des Lizenzinhabers möglich.

© 2007 Franzis Verlag GmbH, 85586 Poing

Alle Rechte vorbehalten, auch die der fotomechanischen Wiedergabe und der Speicherung in elektronischen Medien. Das Erstellen und Verbreiten von Kopien auf Papier, auf Datenträgern oder im Internet, insbesondere als PDF, ist nur mit ausdrücklicher Genehmigung des Verlags gestattet und wird widrigenfalls strafrechtlich verfolgt.

Die meisten Produktbezeichnungen von Hard- und Software sowie Firmennamen und Firmenlogos, die in diesem Werk genannt werden, sind in der Regel gleichzeitig auch eingetragene Warenzeichen und sollten als solche betrachtet werden. Der Verlag folgt bei den Produktbezeichnungen im Wesentlichen den Schreibweisen der Hersteller.

Herausgeber: Ulrich Dorn
art & design: www.ideehoch2.de
Satz: Phoenix Publishing GmbH, München
Druck & Bindung: VCT, Sezemice
Printed in Czech Republic

ISBN 978-3-7723-**7188**-4

Inhaltsverzeichnis

Die Autoren — 9
1 Einführung in die Podcasterei — 10
  Was sind eigentlich Podcasts? — 11
    Audioblogging? Podcasting? Guerilla Media? — 12
    Podcast-Pionier Adam Curry — 13
    Podcast-Arten — 14
    Bezahlte Podcasts — 15

2 Podcasts hören — 16
  Podcasts im Internet hören — 16
  Podcasts abonnieren und auf den Computer laden — 19
    Podcast-Abo — 19
    RSS-Feeds — 20
    Podcasts abonnieren mit Winamp — 20
    Podcasts abonnieren mit iTunes — 22
    Podcasts abonnieren mit Juice — 26
  Feedreader zum Podcast-Hören — 29
    Die PodcatcherMatrix — 29
  Podcasts unterwegs hören — 30
    Podcasts mit dem iPod hören — 31
    Podcasts mit anderen MP3-Playern hören — 32
    Podcasts per Telefon hören — 32
    Podcasts mit dem Handy hören — 34
    Podcasts mit der PlayStation Portable hören — 34
  Podcast-Seiten, die man kennen muss — 35
    podster.de — 35
    podcast.de — 36
    dopcast.de — 37
    wiki.podcast.de — 38
    peppr.de — 39
  Bekannte und hörenswerte Podcasts — 39
    Schlaflos in München — 40
    Andrea W. will's wissen — 41
    MacManiacs — 41
    Radio brennt! — 42
    Spreeblick — 42
    Computerclub 2 — 42
    Couchpotatoes — 43
    Chicks on Tour — 44
    Wanhoffs wunderbare Welt der Wissenschaft — 44
    Was mit Medien — 45
  Video-Podcasts — 45
    Toni Mahoni — 46
    Angela Merkel – der Podcast der Bundeskanzlerin — 46
    Ehrensenf — 47

3 Podcasts produzieren: Vorbereitung — 48
  Equipment auf einen Blick — 48
    Mikrofon — 48
    Der richtige Anschluss — 49
    Headset oder Mikro? — 49
    Poppschutz zum Selbstbasteln — 49
    Externe Soundkarte — 50
    Never change a running system! — 50
  MP3-Aufnahmegerät — 51
    Kurzes Kabel! — 52

Blick in die Mottenkiste	52
Aufnehmen mit dem iPod	52
Podcast-Software	52
Einsteigerprogramme	52
Komplettpakete	54
Standard-Software für Podcaster	55
Für Streber: das kleine Tonstudio	57
Mikrofon	57
Mischpult	58
Stimmprozessor/Kompressor	58
Telefonhybrid	58
Soundbearbeitungsprogramm	59

4 Podcasts produzieren: Aufnahme — 60

Wann sollte ich einen Podcast starten?	60
Material aufnehmen und bewerten	60
Live-on-tape-Produktion	60
Schnittproduktion	62
Höre deine Stimme	62
Aufnehmen mit Audacity	63
Aufnehmen mit Audacity: Schritt für Schritt	63
Die richtige Lautstärke	65
Telefoninterviews aufnehmen	66
Telefoninterviews aufnehmen: Schritt für Schritt	67
War die Aufnahme gut?	69
Material schneiden	69
Material schneiden: Schritt für Schritt	70
LAME-Encoder installieren	73
Wie lang darf eine Podcast-Episode sein?	74
Nachschneiden mit mp3DirectCut	74
Nachschneiden mit mp3DirectCut	74
Audio- und Videoformate	78
Die richtige Komprimierung	79
Die Audiodatei wird zum Podcast	80
Komplettproduktion mit GarageBand	80
So machen es bekannte Podcaster	86
Video-Podcasts	89

5 Podcasts produzieren: Veröffentlichung — 90

Was sind Weblogs?	90
Dein Podcast im Radio	91
Den geeigneten Web-Speicherplatz finden	92
1&1	93
Strato	93
Host Europe	94
domainFACTORY	94
all-inkl	94
PodHost.de	94
webhostlist.de	94
Worauf sollte ich achten?	95
fiene,horn blogstrasse	95
RSS-Datei bauen	96
Achtung, Sonderzeichen!	101
RSS-Feed überprüfen	101
RSS-Feed aufmotzen	101
Dateien ins Internet laden	102
Weblog zum Podcast mit WordPress	106
Weitere wichtige Weblog-Software	110

Podcast mit WordPress per PodPress veröffentlichen ... 111
Podcast mit Loudblog veröffentlichen ... 114
Podcast über externe Hoster veröffentlichen ... 118
    Weitere externe Podcast-Hoster ... 121

6 Podcasts bekannt machen 122

Podcast bei iTunes eintragen ... 122
Podcast in anderen Verzeichnissen eintragen ... 126
    podster.de ... 126
    podcast.de ... 126
    dopcast.de ... 126
Werbung durch Gastauftritte – das Online-Networking ... 126
Werbung im wirklichen Leben – das Offline-Networking ... 127

7 Rechtliche Aspekte 130

Musik in Podcasts ... 130
    Das Problem mit der GEMA ... 130
    Was ist die GEMA? ... 130
    Der Podcast-Tarif der GEMA ... 130
    Die Lösung: Podsafe Music ... 131
    PodShow podsafe Music Network ... 131
    GarageBand.com ... 133
    AudioFeeds.org ... 133
    ccMixter ... 133
    Weitere Quellen ... 134
    Was ist die Creative-Commons-Lizenz? ... 135
Die großen Verbote ... 136
    Verboten: fremdes Material ... 136
    Verboten: Beleidigungen ... 136
    Verboten: verfälschte Interviews ... 137
    Verboten: Schleichwerbung ... 137
Impressumspflicht ... 137

8 i-Tüpfelchen: Tipps vom Radiomacher 139

Richtig sprechen, moderieren und interviewen ... 139
    Podcasts werden gehört, nicht gelesen ... 139
    Authentizität als Moderator ... 140
    Königsdisziplin Doppelmoderation ... 141
    Stimme und Sprache ... 141
    Kleine Interview-Schule ... 143
    Wohlfühlen beim Aufnehmen ... 144
    Deine Stimme ohne Hall ... 144
Hörerbindung ... 144
    Bloß nicht nervig werden! ... 145
Jingles für den Podcast ... 145
    Jingles mit GarageBand ... 146

9 Die Homepage als Podcast-Begleiter 147

Podcastlogo ... 147
Frappr- und Google-Maps ... 147
    Frappr-Map: Schritt für Schritt ... 149

10 Geld verdienen 151

Verschiedene Verdienstmöglichkeiten ... 151
    Sponsoren für deinen Podcast ... 151
    Werbespots für deinen Podcast ... 151
    Spenden für deinen Podcast ... 152
    Geld verdienen durch deine Homepage ... 153
    Geld verdienen mit audioads.de: Schritt für Schritt ... 154

Kapitel 1 – *Einführung in die Podcasterei*

Die Autoren

Dennis Horn (Foto: Susanne Dobler)

Daniel Fiene

Dennis Horn (geb. 1981) studierte nach dem Abitur Germanistik, Medien- und Informationswissenschaften an der Heinrich-Heine-Universität Düsseldorf. Horn war Mitgründer und Chefredakteur des Portals SF-Radio und so einer der ersten, die in Deutschland **Radio on Demand** gemacht haben, als es das Podcasting noch gar nicht gab. Als Autor, Redakteur, Moderator und Berater arbeitet er unter anderem für radio NRW, Antenne Düsseldorf, den WDR und die dpa. Mit dem Büro **fiene,horn** hat er federführend große Medien-Homepages mitentwickelt.

Daniel Fiene (geb. 1982) studiert Geschichte, Politik und Ethnologie an der Westfälischen Wilhelms-Universität in Münster. Fiene war unter anderem für die Online-Angebote von RTL und der Deutschen Welle tätig und leitete als Chefredakteur das Campusradio für Münster und Steinfurt, Radio Q. Mit **Was mit Medien** (ausgezeichnet von der Landesanstalt für Medien NRW) und **150 Fragen in Sachen Podcasts** ist er in der deutschen Podcast-Szene bekannt geworden. Für das Büro **fiene,horn** bloggt und podcastet Fiene als Medienexperte seit 2007 für das Online-Angebot der Tageszeitung **Die Welt**.

1 Einführung in die Podcasterei

Herzlich willkommen im neuen Internet! Viel hat sich verändert in den vergangenen Jahren. Wir sind im Web 2.0 angekommen – ein Begriff, der mehr ist als ein Phantom. Aus dem Internet ist mehr geworden als nur Homepage und Weiterklicken. Es ist mehr als nur eine Spielwiese für Freaks. Das Internet ist mittlerweile längst massentauglich, und deshalb bestimmen nicht mehr nur die Großen das Geschehen.

Die vielen Kleinen, Menschen wie du, sind es, die das Netz heute ausmachen. Was da passiert, ist eine Medienrevolution. Heimlich und schleichend, aber es ist eine. Die etablierten Medien hat längst die Angst gepackt, denn die Konkurrenz aus dem Netz ist groß. Was für die Zeitungen und Magazine in Papierform die vielen Homepages im Internet sind, das sind für die Radiosender Podcasts.

Die aktuellen Quotenanalysen der deutschen Radiosender zeigen: Dem Radio brechen die Hörer weg. Die Marktanteile bleiben vielleicht gleich, aber die absolute Zahl der Hörer wird kleiner und kleiner. Wer jung ist, der hört kein Radio mehr, der lässt sich nicht mehr vorschreiben, was er da zu hören hat. Wer jung ist, der stellt sich sein Programm auf Computer und MP3-Player selbst zusammen – mit Musik und Podcasts. Und wenn es am Ende nur die Podcasts sind, die die Radiosender selbst herausgeben.

Wir, die Autoren, arbeiten beim Radio, sind aber auch die Chefs unserer eigenen Internet-Agentur. In beiden Jobs kommen wir immer wieder mit dem Begriff Podcast in Berührung. Was uns als Radiomacher Angst macht, fasziniert uns als Agenturchef. Alle möglichen Menschen – egal ob Privatleute, Unternehmen oder Werbeagenturen – haben uns schon diese eine große Frage gestellt: „Was sind eigentlich Podcasts?"

Die ganz kurze Antwort: Podcasts sind Radiosendungen, die jeder aufzeichnen und die man im Internet herunterladen oder sogar abonnieren kann. Natürlich sind sie mehr als das, aber manchmal hat man einfach nicht viel Zeit, um es ausführlich zu erklären. Dafür haben wir nun dieses Buch geschrieben.

Dieses Buch soll dir natürlich mehr beantworten als nur diese eine Frage. Wir wollen das Podcasting ein Stück bekannter machen und vorantreiben. Wir wollen, dass sich Podcasts viel mehr Menschen erschließen. Und wir wollen, dass du siehst: Es ist nicht schwierig, selbst zu podcasten – sozusagen als „Privatsender".

Was sind Podcasts? Wie kann ich sie hören? Wo finde ich sie im Netz? Wie mache ich selbst einen Podcast? Wir fangen mit den ganz einfachen Fragen an und gehen dann nach und nach auch in die Details: Wie nehme ich einen Podcast auf? Was brauche ich für eine Ausrüstung? Muss es ein richtiges Radiostudio sein, oder reicht auch ein kleines Büchsenmikro für zehn Euro? Zum Schluss werden wir deinem eigenen Podcast noch den letzten Schliff verpassen: Wie spreche ich richtig? Wie klingt der gesamte Podcast professioneller? Wie mache ich ihn bekannt? Wir stehen ja selbst auch beim „richtigen Radio" hinter dem Mikrofon, und den einen oder anderen Tipp können wir dir mit Sicherheit noch mit auf den Weg geben.

Eigentlich ist es verrückt, dass wir bei all dieser ausgeklügelten Technik, die uns das Internet heute bietet, noch ein Buch über Podcasts schreiben müssen. Aber man hat ja einfach gerne noch etwas zum Nachschlagen in der Hand, etwas Analoges. Wahlweise empfehlen wir dir die „150 Fragen in Sachen Podcasts", unseren Podcast über das Podcasten. Den kannst du dir im Netz auf der Homepage zum Buch anhören.

Wir sind sehr gespannt, was aus deinen Versuchen wird, selbst zu podcasten. Wenn du Fragen hast, uns sagen möchtest, was dir an diesem Buch gefallen hat und was nicht, oder uns einfach den Link zu deinem Podcast schicken möchtest, dann empfehlen wir dir die Fortsetzung zum Buch unter ⊃ **podcast-buch.de**.

Und jetzt: Viel Spaß – wir hören uns!

Dennis Horn und Daniel Fiene

Was sind eigentlich Podcasts?

Wir selbst haben schon 1999 Podcasts gemacht. Damals gab es den Begriff noch gar nicht; wir nannten es da „Radio on Demand", Radio zum Herunterladen also, aufgenommen und gespeichert im MP3-Format. Bis heute hat sich daran eigentlich nicht viel geändert. Der Unterschied ist nur: Podcasts kannst du abonnieren, und sie werden dir automatisch auf den Computer geliefert, sobald es eine neue Ausgabe gibt. Du erhältst also mit einem speziellen Empfangsprogramm für Podcasts, dem so genannten Podcatcher, regelmäßig neue MP3-Dateien frei Haus.

Im Prinzip ganz einfach, oder? Man kann sagen: Ein Podcast ist eine aufgezeichnete Radiosendung, die man abonnieren kann. Oder eine aufgezeichnete Fernsehsendung. Das wiederum nennt sich dann Video-Podcast. Mittlerweile gibt es Podcasts für jeden Geschmack: Talkshows, Sprachkurse, Comedy, Nachrichten, Reiseführer, politische Magazine, Kulturshows, Musiksendungen, und und und …

Die Geschichte des Podcastings ist ziemlich trocken. Es ist keine Geschichte von zwei Uni-Absolventen, die in einem alten Auto mit einem Dollar in der Tasche durch die USA heizen und in irgendeiner Garage die große Idee haben. Es ist keine Geschichte wie die von Microsoft, Google oder YouTube. Es geht um Entwickler, es geht um Konferenzen, es geht um Menschen, die per E-Mail Diskussionen geführt haben.

Die lange Version möchten wir dir gerne ersparen, aber weil du wahrscheinlich neugierig bist: Dave Winer heißt der Programmierer, der im Jahr 2000 die Möglichkeit entwickelt hat, im Internet Audioinhalte mit Hilfe von so genannten RSS-Dateien zu verbreiten. Der erste, der diese Technik für eine eigene kleine Show genutzt hat, war der ehemalige MTV- und Radiomoderator Adam Curry. Curry war schon Autor seines eigenen Weblogs und wollte offenbar wieder zurück zu seinen Radiowurzeln. Er schrieb deshalb das Programm iPodder, den ersten so genannten Podcatcher. Jeder, der dieses Programm installierte, konnte die Podcasts von Adam Curry abonnieren, und jede neue Ausgabe landete direkt auf seinem Rechner.

Viele weitere Entwickler sprangen auf diesen Zug auf und schrieben ihre eigenen Empfangsprogramme für Podcasts. Mehr und mehr Menschen begannen damit, eigene Podcasts anzubieten, Netzwerke zu gründen oder sogar Geld damit zu verdienen – mit Webhosting-Angeboten allein für Podcasts, also entsprechend viel Speicherplatz, auf dem die Menschen ihre Audio- und Videodateien ablegen konnten.

Der Begriff Podcast entstand erst, nachdem der Zug langsam ins Rollen gekommen war. Er setzt sich aus „iPod" und „Broadcast" zusammen, also dem Namen des MP3-Players von Apple und dem englischen Wort für „Ausstrahlen". Es geht beim Podcasting also ums Ausstrahlen von Audiodateien auf den iPod oder jeden anderen MP3-Player. Erfunden hat den Begriff ein Journalist, der Anfang 2004 einen Artikel schrieb, in dem es um den Boom des Online-Radios ging, um MP3-Radiosendungen, die es im Internet seit einigen Monaten verstärkt gab. Und er warf die Frage nach dem Namen für dieses Phänomen auf:

Audioblogging? Podcasting? Guerilla Media?

Der Begriff Audioblogging hat sich wahrscheinlich deshalb nicht durchgesetzt, weil das Podcasting nicht zwingend etwas mit dem Bloggen zu tun hat. Podcasts sind mehr als Tagebücher zum Nachhören. Und Guerilla Media war wohl eher als Seitenhieb darauf zu verstehen, dass nun jeder im Internet die Möglichkeit hatte, eigene Radiosendungen zu verbreiten. Eine Graswurzelrevolution.

„Podcasting ist das Radio der nächsten Generation", hat Apple-Chef

Musik, Videos und Podcasts auf dem iPod (Foto: Apple)

Steve Jobs 2005 gesagt. Er hatte dabei die neue Version der Musiksoftware iTunes im Gepäck, deren Funktionen erweitert wurden. Mit iTunes konnte man ab dieser Version Podcasts bestellen, herunterladen und verwalten. Wenige Tage später gab Apple bekannt, dass über iTunes schon mehr als eine Million Podcasts abonniert wurden. Apple hat den Podcasts damit zum großen Durchbruch verholfen.

Ein Podcaster hat einmal gesagt: „Podcasting ist wie Cappuccino bei Starbucks. Es gab immer guten Kaffee, aber erst seit Starbucks ist er in aller Munde. Apple ist der Starbucks des Podcastings." Nun hat man Kaffee schon immer getrunken, aber Starbucks hat es geschafft, ihn zu einem wirklich populären Getränk für die Massen zu machen. Es hat dem Bohnengetränk das 15-Uhr-bei-der-Tante-mit-Kaffee-und-Kuchen-Image genommen. Starbucks hat es geschafft, ein Bedürfnis zu befriedigen: Jedes Kaffeehaus des Unternehmens ist ein Platz, an dem man sich mit Freunden treffen, von der Arbeit erholen oder vor dem Alleinsein zu Hause drücken kann. Es ist ein so genannter Third Place, der sich bei der Stammkundschaft neben der Arbeit und dem Zuhause sehr schnell etablieren konnte.

Podcasts haben ebenso schnell die Herzen erobert. Mit ihnen wird auch ein Bedürfnis befriedigt, nämlich der Wunsch nach Information und Emotion. Tragbare MP3-Player sind bei jungen Menschen oft schon allein deshalb beliebter als das Radio, weil man auf sie tausende Songs laden kann, die man selbst wirklich mag, und das in der Reihenfolge, in der man sie hören möchte. Nur persönliche Emotionen oder aktuelle Informationen fehlen. Diese Lücke füllen die Podcasts.

Allein das deutsche Verzeichnis **podster.de** zählte Anfang 2007 knapp 3.500 und davon über 1.300 verschiedene und zurzeit aktive Podcasts. Die Grenzen sind dabei noch lange nicht erreicht – vor allem, weil einer Studie zufolge nur knapp ein Prozent aller Internet-Nutzer regelmäßig Podcasts hören. Während wir an diesem Buch schreiben, macht in den USA das Gerücht die Runde, dass Google einen Werbedienst für Podcasts plant. Werbung in Podcasts könnte damit zum ersten Mal nennenswerte Dimensionen annehmen.

Erfolgreich bist du mit deinem Podcast aber nicht unbedingt nur dann, wenn du mit ihm reich wirst. Sondern vor allem dann, wenn er gut ist. Im Idealfall schaffst du beides und wirst einer der wirklich wenigen Podcaster, die von ihrem Hobby leben können. Wenn nicht, hast du viel Spaß und sammelst Kontakte. Das ist ja auch oft schon die halbe Miete.

Podcast-Pionier Adam Curry

Adam Curry, geboren am 3. September 1964, wohnt heute in England und gilt als Pionier des Podcastings. Ende der 1980er wurde er als MTV-

Kapitel 1 – *Einführung in die Podcasterei*

ADAM CURRY'S DAILY SOURCE CODE

Summary:
The challenge to mainstream media -- and the voice of independent media -- starts here.

The Legend of Adam Curry's Daily Source Code:
The challenge to mainstream media and the voice of independent media starts here. Not to mention a good dose of pop-tech culture. Podfather Adam Curry scours the globe for the hottest new mashups, podcast highlights, and podsafe music. With his smart and smart-ass commentary, it's a high-powered mixtape every morning.

Adam Currys Daily Source Code (Bild: podshow.com)

Moderator bekannt, später im Internet als Schlüsselfigur bei der Entstehung des Podcastings. Bis heute präsentiert er den „Daily Source Code" (➲ **dailysourcecode.com**) unter dem Motto "There Are No Secrets, Only Information You Don't Yet Have". Currys Podcast beschäftigt sich mit dem Podcasten an sich, mit den neuen Medien, mit der Popkultur der Generation iPod und mit freier Musik aus dem Netz, der "Podsafe Music".

Podcast-Arten

Grob lassen sich die Podcasts zurzeit in sechs verschiedene Arten unterteilen.

Meta-Podcasts waren die ersten Vertreter ihrer Gattung: Podcaster podcasten über das Podcasten und testen damit auch die Möglichkeiten aus. Gegenüber den anderen Podcasts machen die Meta-Podcasts aber nur einen extrem geringen Teil aus.

Musik-Podcasts verbreiten Musik, die du auch sonst im Internet legal und kostenlos herunterladen und weitergeben darfst. Die Podcaster bezeichnen solche Musik als **Podsafe Music**. Dazu kommen wir später aber noch ausführlich.

Radio-Podcasts sind wie klassische Radiosendungen aufgebaut: mit Moderationen, Themen und Musik. Wenn du podcastest, um den Sprung ins Radio zu schaffen, kannst du dich hier selbst testen – egal, wie speziell Themen und Musik sind.

Personality-Podcasts machen wohl den größten Teil aller Podcasts aus. Die Podcaster reden und reden – über sich und die Welt, ihren Alltag, Fundstücke im Netz oder den ein oder anderen Kinofilm, den sie gesehen haben. Das ist oft eine kleine Nabelschau; ein paar der deutschen Personality-Podcaster sind damit aber berühmt geworden.

Themen-Podcasts sind die, denen die Zukunft gehört. Sie sind spezialisiert, sie decken Nischen ab, die im echten Radio keinen Platz finden. Nicht viele würden zum Beispiel freiwillig einen Podcast über Server-Technologien von Microsoft hören – doch auch ein solcher Podcast hat eine treue Hörergemeinde. Soundseeings, also Städte- oder Reiseführer in Podcast-Form, und Lern-Podcasts, zum Beispiel zum Lernen fremder Sprachen, gehören ebenfalls in diese Kategorie.

Video-Podcasts schließlich sind nicht mehr nur kleine Radio-, sondern kleine Fernsehsendungen zum Abonnieren und Herunterladen. Sie sind schwieriger zu produzieren, aber der Erfolg von YouTube zum Beispiel gibt den Machern recht.

Screencasts sind eine spezielle Form von Video-Podcasts, abgefilmt vom Computerbildschirm. Es handelt sich dabei im Grunde um bewegte Screenshots, die mit speziellen Programmen erstellt wurden. Screencasts eignen sich besonders dafür, einzelne Computerprogramme anschaulich zu erklären.

Doccasts zeigen, dass sich nicht nur Audio- und Videodateien nach dem Podcast-Prinzip veröffentlichen lassen, sondern auch andere Dokumente. Photocasts sind beliebte Vertreter dieser Gattung. Man kann als Doccast aber zum Beispiel auch einen Newsletter im PDF-Format herausgeben.

Bezahlte Podcasts

Es gibt längst nicht mehr nur die rein privaten Podcasts – diese machen unter den beliebtesten bei iTunes sogar nur noch einen eher geringen Teil aus. Medien nutzen Podcasts für eine Zweitverwertung ihrer Inhalte, also: erst im Radio oder Fernsehen, dann als Podcast. Das geht von den Lokalnachrichten von Antenne Düsseldorf über Comedy vom NDR bis zum Video-Podcast der Tagesschau. Einzelne Unternehmen kaufen bekannte Podcaster auch für Werbe-Podcasts ein; Vorreiterin ist hier in Deutschland mit Sicherheit Annik Rubens (⊃ **schlaflosinmuenchen.com**), die schon für die Möbelschweden von IKEA oder den Filmverleih Warner Bros. Podcasts produziert hat. Das ein oder andere Unternehmen wie die Lufthansa oder Coca-Cola ist natürlich auch schon auf die Idee gekommen, selbst einen Podcast an den Start zu bringen; das allerdings bei vielen mit oft schlechter Resonanz, denn damit, einen Podcast zu machen, nur weil man „mit dabei sein will", ist es nicht getan.

2 Podcasts hören

In diesem Kapitel erfährst du, wie du Podcasts hören kannst. Es gibt die verschiedensten Möglichkeiten, neue, frische Podcasts anzuhören – wir haben diese in drei Bereichen zusammengefasst. Als Erstes möchten wir dir zeigen, wie du dir Podcasts direkt im Internet anhören kannst. Die meisten Podcasts bieten ihren Hörern an, sich die einzelnen Episoden direkt im Internet anzuhören. Meistens brauchst du dazu noch nicht einmal ein spezielles Programm zu installieren. Im nächsten Schritt geht es um das Podcast-Abo. Du lernst, wie du einen Podcast automatisch auf deinen Computer laden kannst. Im dritten Teil erklären wir, wie du deine abonnierten Podcasts sogar ohne Computer hören kannst. Mit MP3-Playern wie dem iPod oder per Telefon kannst du überall die neuesten Episoden hören. Zum Abschluss erfährst du, auf welchen Web-Seiten sich die Suche nach Podcasts lohnt, und wir stellen dir die wichtigsten deutschsprachigen Podcasts vor.

Wenn du bereits weißt, wie Podcasts abonniert werden, und wie die so genannten Podcatcher funktionieren, findest du trotzdem interessante Hörmöglichkeiten in diesem Kapitel. Wenige wissen, dass selbst Winamp eine Podcast-Funktion besitzt, und dass einige Handys direkt Podcast-Abos in ihren Menüs anbieten.

Podcasts im Internet hören

Wenn du eine Web-Seite aufgerufen hast, um einen Podcast zu hören, kannst du die Episode mit einem Mausklick im Browser starten. Es ist üblich, dass auf einer Seite zu jeder Episode ein Titel und eine kurze Beschreibung sowie – ganz wichtig – der Link zur Audiodatei steht. Viele Podcasts binden auch einen kleinen Audio-Player in die Web-Seite ein, damit du dir die Episode online anhören kannst. Der Vorteil: Du brauchst nicht einmal ein externes Programm zu starten, um den Podcast zu hören. Zwar sind die Player alle unterschiedlich gestaltet, sie lassen sich aber wie ein normaler CD-Spieler in einer HiFi-Anlage bedienen.

1. Player starten

In diesem Beispiel siehst du die aktuelle Ausgabe von **Was mit Medien** auf der Web-Seite des Gruppenblogs **Medienrauschen** (➲ **medienrauschen.de**). Nach dem Beschreibungstext ist ein kleines Lautsprechersymbol und ein **Play**-Button zu finden. Wenn du die Episode direkt im Browser hören möchtest, klicke einfach auf den **Play**-Button.

2. Kurz warten

Jetzt klappt der Player aus, und der **Play**-Button verwandelt sich in einen **Pause**-Button und verschiebt sich nach rechts. In der

Kapitel 2 – *Podcasts hören*

Was mit Medien: #75 mit Monika Piel
Am 19.01.2007, 12:31 Uhr von Daniel Fiene in medienrauschen, Rauschen, Podcast abgelegt.

Alles Neu in 2007. Der WDR bekommt eine neue Intendantin. Was mit Medien hat Monika Piel getroffen und mit ihr über ihren neuen Posten gesprochen. 1LIVE bekommt ein neues Programm. Die junge WDR-Welle hat sich einer Schönheitsoperation unterzogen. Wie es jetzt klingt könnt ihr direkt nachhören und Wellenchef Jochen Rausch verrät, wie er dem Journalismus-Nachwuchs entgegen sieht. Sabine Christiansen bekommt einen neuen Nachfolger. Günther Jauch macht es doch nicht. Daniel und Herr Pähler entscheiden, wer es machen kann. Der Journalismus bekommt neue Herausforderungen. Auch junge Journalisten müssen sich auf neue Konsumwege einstellen. Julia Salden vom NDR-Medienmagazin ZAPP berichtet, was sie für den Journalismus erwartet.

Medienrauschen ist Partner des Podcasts "Was mit Medien".
Als MP3 runterladen – RSS-Feed zum Abonnieren – mit iTunes hören

Keine Kommentare

Was ist mit Medien

Mitte erscheint eine Fortschrittsleiste. Auf der Fortschrittsleiste steht die Dauer der Episode, angegeben in Stunden, Minuten und Sekunden. Bevor du etwas hörst, erscheint das Wort **Buffern ...** – das bedeutet, dass die Episode gerade in den Player geladen wird. Ist ein gewisser Teil der Episode übertragen, spielt der Player die Episode ab. Der Ladevorgang wird in der Fortschrittsleiste angezeigt. In einer zweiten Farbe wird angezeigt, wie viel Prozent schon auf den Computer übertragen worden sind. In nachfolgender Abbildung ist schon etwa die Hälfte der Episode geladen. Das hat einen großen Vorteil: Du kannst in die Episoden schon reinhören, bevor sie komplett geladen sind. Bei langen Episoden mit großen Dateien oder langsamen Internet-Verbindungen ist dies besonders praktisch.

3. Vor- und zurückspulen

Auf der Fortschrittsanzeige befindet sich eine Markierung. Dieses

Fortschrittsleiste im aktiven Player

Element zeigt an, welche Position der Episode gerade in diesem Moment abgespielt wird. Du kannst mit der Maus die Markierung greifen und an eine andere Stelle verschieben. So kannst du direkt vor- und zurückspulen, allerdings nur in dem Bereich, der schon markiert ist. Du kannst also zum Beispiel nur die Teile der ersten Hälfte aussuchen und in diesem Bereich die Markierung verschieben.

4. Player beenden

Um die Wiedergabe zu beenden, klicke einfach auf den **Pause**-Button. Der Podcast wird sofort gestoppt, und der Player klappt ein. Die Fortschrittsanzeige verschwindet, und der **Pause**-Button wird wieder zum **Play**-Button.

Der Player der Medienrauschen-Homepage hat sich zum Quasi-Standard durchgesetzt. Du findest ihn auf den meisten Podcast-Web-Seiten. Die anderen Player funktionieren aber ähnlich, sehen nur et-

Wimpy-Player auf podster.de

was anders aus; einige Player unterscheiden sich aber auch völlig und sind zum Beispiel der Software Winamp nachempfunden. Sie lassen sich genauso bedienen: Du kannst sogar die einzelnen Episoden wechseln, indem du sie aus einer beigefügten Playliste aussuchst.

Wenn du die einzelnen Episoden nicht direkt im Browser hören, sondern lieber auf deinem Computer abspeichern möchtest, kannst du sie auch mit deinen herkömmlichen Musikprogrammen hören. Dazu eignen sich zum Beispiel der meistens schon installierte Windows Media Player oder Winamp (➲ **winamp.com**) für Windows und iTunes für den Mac (➲ **apple.com/de/itunes**). An dieser Stelle erklären wir dir, wie du eine Podcast-Episode aus dem Netz herunterladen kannst, um sie dir mit Winamp anzuhören.

1. Dateien auswählen
Die folgende Abbildung zeigt die Homepage unseres Podcasts **150 Fragen in Sachen Podcasts** (➲ **podcasting.fm**). Wenn du dir eine Episode herunterladen möchtest, kannst du dies einfach durch einen Klick auf den MP3-Link machen. In diesem Beispiel ist die Audiodatei durch einen Button verlinkt, auf dem **Audio MP3** steht.

2. Dateien speichern
Sobald du auf diesen Button klickst, startet der Download. Je nach Browser funktioniert das automatisch. Firefox lädt die MP3-Datei automatisch auf den Desktop; es kann aber auch sein, dass dich dein Browser fragt, in welchem Verzeichnis du die Datei speichern oder mit welchem Programm du sie direkt öffnen möchtest. Sollte dein Browser nicht direkt mit dem Download beginnen, sondern versuchen, die Datei im Browser abzuspielen, musst du einen kleinen Trick anwenden: Klicke mit der rechten Maustaste auf den Button **Audio MP3**. Es erscheint ein Kontextmenü. Je nach Browser wirst du die Funktion **Ziel speichern unter ...** oder **Datei speichern unter ...** finden. So kannst du einen Ordner auswählen, in dem die Datei abgespeichert wird.

3. Dateien öffnen
Jetzt ist die Datei fertig heruntergeladen. Gehe einfach in den Ordner, in dem du die Datei gespeichert hast, und öffne sie. Winamp wird geöffnet und spielt automatisch die Datei ab. Wenn Winamp nicht dein Standardprogramm zur Wiedergabe von Audiodateien ist, öffnet es sich nicht. Du hast jetzt zwei Möglichkeiten: Du kannst die Datei entweder mit Winamp öffnen, indem du einen Rechtsklick auf sie machst und sie dann

Eine Episode herunterladen

im Menü **Öffnen mit ...** auswählst. Jetzt musst du nur noch Winamp als Programm aussuchen. Oder du stellst Winamp als Standardwiedergabe für Audiodateien ein. Gehe dazu in die Winamp-Optionen, indem du [Strg] + [P] drückst. Wähle **File types** unter **Setup** aus, und markiere das Häkchen bei **Register types on Winamp start**. Bei jedem Winamp-Start überprüft das Programm nun, ob die ausgewählten Dateitypen ihm zugeordnet sind.

Winamp spielt die Datei ab

Jetzt hast du gelernt, wie du einzelne Podcast-Episoden direkt im Internet anhören oder auf deiner Festplatte speichern kannst. Doch wenn du mit der Zeit viele Podcasts hören möchtest, ist es mühselig, jedes Mal alle Web-Seiten zu besuchen und die neuesten Episoden per Hand zu laden. Im nächsten Schritt schauen wir also, wie neue Podcast-Episoden automatisch auf den Computer geladen werden können. Dazu brauchst du deine Lieblings-Podcasts einfach nur zu abonnieren.

Podcasts abonnieren und auf den Computer laden

Ein Podcast wird dann zum Podcast, wenn er abonnierbar ist. Wenn du ihn als Hörer also abonnieren kannst, und die neuen Episoden automatisch auf deinen Rechner geladen werden. Das ist sehr praktisch: Du kannst zum Beispiel direkt nach dem Aufstehen deine Podcasts aktualisieren, und die neuen Episoden, die seit der letzten Überprüfung ins Netz gestellt worden sind, werden direkt heruntergeladen. Du kannst sie dann sofort oder später auf dem Weg zur Arbeit oder zur Uni anhören.

Podcast-Abo

Das Wort **Abo** klingt an dieser Stelle vielleicht etwas abschreckend. Ein Podcast-Abo hat aber nichts mit einem Zeitschriften-Abo zu tun. Du schließt also keines jener Abonnements ab, bei denen in der Woche darauf ein Kühlschrank geliefert wird und nach einem halben Jahr die dicke Rechnung kommt, während die Kündigungsfrist 24 Monate beträgt. Das Abo bezeichnet lediglich den unverbindlichen und kostenlosen, dafür aber automatischen Bezug von neuen Episoden eines Podcasts.

Du kannst ein Podcast auch mit einem Newsletter vergleichen. Du meldest dich an und bekommst neue E-Mail-Ausgaben automatisch an deine E-Mail-Adresse geschickt. Per Webmail kannst du den Newsletter sogar weltweit unterwegs lesen. Wenn du den Newsletter nicht mehr lesen möchtest, genügt meistens ein Klick auf einen Abbestell-Link. Der Podcast ist sozusagen der Newsletter. Statt einer E-Mail bekommst du die neue Episode. Die landet auch nicht in deinem E-Mail-Programm, sondern in deinem Podcatcher. Das ist ein Programm, welches deine Podcast-Abos verwaltet und immer die neuesten Episoden nach einer Überprüfung lädt. Möchtest du einen Podcast abonnieren, fügst du ihn einfach deinem Podcatcher hinzu. Wenn du keine Episoden mehr empfangen möchtest, löschst du den Podcast einfach aus deinem Podcatcher. Doch hier hinkt der Vergleich etwas; ein Newsletter wird verschickt, bei einem Podcast ist die Richtung andersherum – die Podcatcher ziehen sich aktiv die neuen Episoden von der Web-Seite des Podcasts.

RSS-Feeds

Hier kommen die RSS-Feeds ins Spiel. Das sind Dateien, die Informationen über den Podcast bereitstellen. Ein Podcatcher prüft bei jeder Aktualisierung den RSS-Feed eines Podcasts, ob es eine neue Episode gibt. Der RSS-Feed sagt dem Podcatcher, wo die neue Episode herunterzuladen ist und stellt den Titel, eine Beschreibung und weitere Informationen zur Verfügung. In Kapitel 5 (s. Seite 90) erklären wir, wie eine RSS-Datei aufgebaut ist, und wie du sie von Hand bauen kannst.

Jetzt kennst du alle Zutaten für ein Podcast-Abo. Du brauchst einen Podcast und den dazugehörigen RSS-Feed. Du brauchst einen Podcatcher, um deine Abos zu verwalten. Wir erklären dir nun Schritt für Schritt, wie du mit verschiedenen Podcatchern deine persönlichen Abos verwalten kannst.

Für diesen Praxisteil haben wir einen Demo-Podcast eingerichtet. Der Podcast heißt „Podcasts hören im Internet". Es gibt eine Episode, und wenn du diese hörst, hast du es geschafft: Du hast dein erstes Podcast-Abo abgeschlossen. Die Adresse des RSS-Feeds lautet: ⊃ **www.podcast-buch.de/ podcast/kapitel2.xml**.

Podcasts abonnieren mit Winamp

Bleiben wir zunächst bei dem Programm Winamp. Seit der Version 5.1 gibt es eine Podcast-Funktion in dem beliebten Medienplayer. Du kannst sowohl Audio- als auch Videodateien abspielen. Der Vorteil liegt darin, dass Winamp im Vergleich zu anderen Podcatchern die Dateien schon direkt während des Ladens abspielt. Du musst also nicht warten, bis das Herunterladen fertig ist. Wenn du hauptsächlich Podcasts an deinem Computer hören wirst, dann ist Winamp eine gute Alternative. Allerdings gibt es keine Funktion, damit Winamp die Medien mit deinem MP3-Player synchronisiert, wenn du die Episoden unterwegs hören möchtest. Dazu später mehr.

1. Media-Library öffnen
Der Podcatcher von Winamp befindet sich in der Media-Library.

Kapitel 2 – Podcasts hören

Quellen in der Media-Library

Die kannst du mit der Tastenkombination [Alt] + [L] öffnen. In der linken Spalte gibt es die verschiedenen Quellen der Library.

2. Subscriptions wählen
Wähle aus den Quellen in der Media-Library nun den Punkt **Subscription** aus, den du unter **SHOUTcast Wire** findest.

3. RSS-Datei hinzufügen
Klicke auf den **Add**-Button, und es erscheint das Fenster **Add RSS Subscription**. Trage in das erste Feld die Adresse zum RSS-Feed ein. In unserem Beispiel lautet die Adresse **http://www.podcast-buch.de/podcast/kapitel2.xml**. Du kannst noch entscheiden, wie oft Winamp nach neuen Episoden suchen soll. Entweder kannst du dich für **Use Default Settings** entscheiden; dann wird der Standard-Zeitintervall übernommen, oder du benutzt eine Sondereinstellung für

Abonnieren eines RSS-Feeds

diesen Podcast. Wähle hierzu **Use Custom Settings** aus, und wähle bei **Update Every ...** ein Zeitintervall aus. Klicke noch auf **Add**, und schon hast du den Podcast abonniert.

4. Episode zum Hören auswählen
Unser Beispiel-Podcast wird nun im Feld **Channel** angezeigt. Wenn du auf **Das Podcast-Buch. Hören.** klickst, erscheinen im rechten Nachbarfeld alle Episoden. Zurzeit gibt es nur die Episode 1. Im unteren Feld wechselt die Beschreibung, wenn du diese Episode markierst. Du bekommst dann an dieser Stelle nicht nur die allgemeinen Informationen zu diesem Podcast angezeigt, sondern erfährst auch, was konkret in Episode 1 passiert. Durch einen Doppelklick auf die erste Episode wird sie in Winamp abgespielt.

Abspielen einer Podcast-Episode in Winamp

5. Update-Intervall einstellen
Mit der Tastenkombination [Strg] + [O] gelangst du in die Einstellungen von Winamp. Wähle in der linken Auswahl im Bereich der Media-Library den Menüpunkt

Kapitel 2 – *Podcasts hören*

SHOUTcast Wire aus. Jetzt kannst du zwei wichtige Dinge einstellen. Du kannst dir zum einen ein Intervall aussuchen, wie oft Winamp nach neuen Episoden schauen soll. Wenn du ein Häkchen bei **Update on Launch** setzt, werden die Podcasts bei jedem Programmstart gecheckt. Die zweite Einstellungsmöglichkeit dreht sich um den Speicherort. Unter **Download Location** kannst du einen Ordner auswählen, in dem die Podcast-Episoden gespeichert werden sollen.

Winamp-Einstellungen

6. Abonnierte Podcasts aktualisieren

Du kannst deine Podcasts auch per Hand abrufen. Klicke dazu einfach auf den Button **Refresh**. Winamp checkt dann, ob neue Episoden vorliegen. Wenn du eine bestimmte Episode ausgewählt hast, kannst du diese auch starten, indem du auf den **Play**-Button in der Media-Library klickst. Oder du klickst auf den **Enqueue**-Button. Dann wird die Episode in eine Warteschlange gestellt und erst dann gespielt, wenn die zuvor in die Playliste gepackten Sounds abgearbeitet worden sind.

Podcasts abonnieren mit iTunes

Sowohl für Mac als auch für Windows gibt es das Programm iTunes (➲ apple.com/de/itunes). Eigentlich ist es eine sehr gute Bibliothek, in der du deine digitalen Medien verwalten kannst. Neben Musik kannst du auch Filme, Fernsehsendungen und eben Podcasts verwalten – und das sehr komfortabel. Es gibt drei Wege, wie du einen Podcast hinzufügen kannst.

Einen Podcast direkt abonnieren

Wenn du die Adresse zum RSS-Feed des Podcasts weißt, kannst du einen Podcast direkt zu iTunes hinzufügen. Wenn du iTunes geöffnet hast, kommst du in die Podcast-Verwaltung, indem du in der linken Spalte **Podcasts** als Quelle auswählst. Im Hauptfenster öffnet sich nun eine leere Liste. In dieser Liste erscheinen später deine Podcast-Abos. In den nun folgenden Schritt-für-Schritt-Anleitungen bewegen wir uns immer in diesem Bereich von iTunes.

1. Menü auswählen

Klicke auf den Menüpunkt **Erweitert**, und wähle **Podcast abonnieren ...** aus.

2. Adresse des RSS-Feeds eingeben

Das Fenster **Podcast abonnieren** erscheint. Darin findest du nur ein einziges Feld für die Adresse des RSS-Feeds. Trage hier die URL unseres Beispiel-Podcasts ein: **http://www.podcast-buch.de/podcast/kapitel2.xml**
Klicke auf **OK**.

Kapitel 2 – Podcasts hören

RSS-Feed-Adresse in iTunes eingeben

3. Neueste Episode laden lassen

Der Podcast **Das Podcast-Buch. Hören.** steht jetzt in deiner Podcast-Liste. Die neueste Folge wird direkt geladen. Das erkennst du an dem kleinen runden Kreis mit sich drehenden Pfeilen. Solange sich dieses Symbol dreht, dauert der Ladevorgang noch an. Durch einen Klick auf das Dreieck neben dem Podcast-Titel klappt eine Liste mit allen Episoden aus. Wenn der Ladevorgang fertig ist, kannst du dir die neueste Episode anhören oder die älteren Episoden nachträglich herunterladen.

iTunes beim Laden eines Podcasts

Einen Podcast über das Verzeichnis abonnieren

Wenn du die RSS-Feed-Adresse nicht zur Hand hast, gibt es eine sehr praktische Möglichkeit, einen Podcast zu abonnieren: Nimm den Weg über das Podcast-Verzeichnis.

1. Podcast-Verzeichnis aufrufen

Das Podcast-Verzeichnis von iTunes ist nicht über das Internet erreichbar, sondern nur direkt aus iTunes heraus. Klicke dazu auf der Startseite des iTunes-Stores in der Auswahlliste links auf **Podcasts**. Jetzt siehst du die Startseite des Verzeichnisses. Auf dieser Seite stellt die iTunes-Redaktion besondere Podcasts vor; du findest auch eine Liste mit den meistabonnierten Podcasts und eine Kategorie-Liste.

Podcast-Verzeichnis in iTunes

2. Podcast aussuchen

Du kannst den Podcast zum Beispiel über die Suchfunktion finden. Sobald du dich im Podcast-Verzeichnis befindest, wird das iTunes-Suchfeld nicht mehr deine Bibliothek, sondern das Podcast-Verzeichnis durchsuchen. Das Suchfeld befindet sich ganz oben auf der rechten Seite in der iTunes-Ansicht. Eine andere Möglichkeit ist der Blick in die Kategorien. Die Podcast-Kategorien findest du auf der linken Seite der Verzeichnis-Startseite. Wenn du den Podcast gefunden hast, den du abonnieren möchtest, klicke einfach auf den Titel, und schon gelangst du zur Podcast-Ansicht des Verzeichnisses.

3. Podcast abonnieren

In der Podcast-Ansicht findest du Informationen zu deinem gesuchten Podcast – nicht nur Titel und Beschreibung, sondern auch eine Liste mit allen verfügbaren Folgen und den dazugehörigen Beschreibungen. Andere Benutzer haben vielleicht schon Kommentare zu diesem Podcast hinterlassen, und du erhältst eine Liste mit Podcasts, die Hörer abonniert haben, die auch diesen Podcast hören. Doch jetzt möchtest du den ausgewählten Podcast auch selbst abonnieren. Klicke dazu einfach auf den großen grauen **Abonnieren**-Button.

4. Episode laden lassen

Nachdem du auf den **Abonnieren**-Button geklickt hast, wird der Podcast zu deiner Podcast-Liste hinzugefügt. Auch jetzt wird die neueste Episode sofort heruntergeladen, wie du es schon aus Schritt 3 der vorigen Anleitung kennst.

Einen Podcast über das Internet abonnieren

Obwohl iTunes und das eigene Podcast-Verzeichnis ein geschlossenes System sind, gibt es die Möglichkeit, einen Podcast direkt von einer Web-Seite aus zu abonnieren. Manchmal findest du Links, die direkt auf einen Podcast in iTunes verweisen. Das hat für uns als Hörer den Vorteil, dass wir einen Podcast direkt aus dem Netz abonnieren können. Du musst dir also nicht erst die RSS-Feed-Adresse merken oder den Podcast per Hand

Der Button **In iTunes aufrufen** öffnet den iTunes Music Store mit dem gewünschten Podcast

aus dem iTunes-Verzeichnis heraussuchen.

1. Linkbutton anklicken

Einen solchen Link zu iTunes findest du zum Beispiel auf der Seite zu unserem Podcast **150 Fragen in Sachen Podcasts** (➲ **podcasting.fm**). In der rechten Leiste siehst du den Button **In iTunes aufrufen**. Klicke auf diesen Button, damit du direkt zur **150-Fragen**-Seite im Podcast-Verzeichnis von iTunes gelangst.

2. iTunes-Aufruf bestätigen

Wenn dein Browser iTunes nicht direkt findet, wirst du gefragt, ob du das Programm auch tatsächlich

Ist iTunes installiert?

installiert hast. Klicke einfach auf **Ich habe iTunes**, und schon wird das Programm geladen. Eventuell erscheint noch eine Sicherheitsabfrage, die du bestätigen solltest. Sonst wird iTunes nicht aufgerufen.

3. Podcast abonnieren

In iTunes bekommst du nun direkt die Podcast-Ansicht angezeigt, in diesem Fall die des Podcasts **150 Fragen in Sachen Podcasts**. Klicke auf den **Abonnieren**-Button, und schon hast du den Podcast zu deiner Aboliste hinzugefügt.

4. Episode laden lassen

Auch jetzt wird wieder direkt die neueste Episode geladen. Sobald iTunes damit fertig ist, kannst du dir die Episode direkt anhören.

Podcasts mit iTunes verwalten

In deiner iTunes-Liste befinden sich jetzt die Podcasts, die du direkt, über das Netz oder über das Podcast-Verzeichnis hinzugefügt hast. Wenn du auf das kleine Dreieck neben dem Titel klickst, klappt eine Liste der Episoden zu diesem Titel aus. Befindet sich neben diesem Dreieck ein blauer Punkt, bedeutet dies, dass du noch nicht alle neuen Episoden dieses Podcasts gehört hast. Wenn du die Episoden ausgeklappt hast, kannst du direkt sehen, um welche es sich dabei handelt; auch die noch nicht gehörten Episoden werden durch iTunes mit einem blauen Punkt markiert. Startest du die Episode zum ersten Mal, verschwindet der Punkt.

Solltest du auch ältere Episoden noch laden können, werden diese in grauer Schrift dargestellt. Sie stehen dir also zu Verfügung, sind aber noch nicht auf deiner Festplatte. Neben diesen Episoden findest du den **Holen**-Button. Wenn du auf diesen Button klickst, wird die Episode nachträglich aus dem Netz gezogen. Der Ladevorgang wird durch einen orangefarbenen Kreis symbolisiert, in dem sich Pfeilspitzen drehen. Sobald die Episode komplett aus dem Netz gezogen ist, verschwindet der Kreis, und der Titel wird schwarz dargestellt.

Du kannst übrigens ganz schnell von Hand prüfen, ob deine abonnierten Podcasts neue Episoden haben, indem du auf den **Aktualisieren**-Button rechts unten klickst.

Um eine einzelne Episode zu löschen, brauchst du sie nur zu markieren und dann auf die Taste [Entf] zu drücken. Wen du einen kompletten Podcast nicht mehr benötigst, kannst du auch einfach den Titel markieren und anschließend den Löschvorgang durchführen. Bevor iTunes jedoch löscht,

Liste abonnierter Podcasts in iTunes

wirst du gefragt, ob der Podcast oder die Episode nur aus dem Verzeichnis oder mit der dazugehörenden Audiodatei auch von deiner Festplatte gelöscht werden soll. Du kannst also auch Episoden auf deiner Festplatte behalten, aber aus der Podcast-Liste in iTunes herausnehmen.

Zum Schluss der kleinen iTunes-Einführung gehen wir noch auf die Funktionen der Fußleiste unterhalb der Podcast-Liste ein.

- Der **Abmelden**-Button ermöglicht es dir ebenfalls, einen Podcast zu löschen. Sobald du auf den Button klickst, wird das Abo beendet. So einfach ist das – aber das haben wir ja schon zu Beginn des Kapitels versprochen.
- Der **Einstellungen**-Button führt dich in einen Dialog, der dir hilft, iTunes so umzustellen, wie es deinem Geschmack entspricht. Du kannst bestimmen, wie oft iTunes Podcasts auf neue Episoden überprüfen soll, was mit bereits gehörten Episoden zu geschehen hat – du kannst sie behalten, aber auch direkt löschen lassen – und ob nur die neueste oder alle neuen Episoden geladen werden sollen, wenn seit der letzten Aktualisierung mehr als eine Episode veröffentlicht worden ist.
- Der Link **Bedenklichen Inhalt melden** ermöglicht es dir, eine Meldung an die iTunes-Redaktion zu schicken. So kann die Redaktion Podcast-Episoden aus dem Verzeichnis nehmen, die gegen geltendes Recht verstoßen.

- Direkt zum Verzeichnis führt dich der gleichnamige Link **Podcast-Verzeichnis**.
- Sobald du auf den **Aktualisieren**-Button klickst, werden alle Podcasts überprüft. So kannst du manuell checken, ob es neue Episoden deiner abonnierten Podcasts gibt.

Podcasts abonnieren mit Juice

Juice (früher iPodder, ‹**juicereceiver.sourceforge.net**›) ist ein purer Podcatcher. Das kleine, kostenlose Programm hat keine Multimedia-Verwaltung wie iTunes und ist kein Audio-Player wie Winamp. Dieses Werkzeug dient ausschließlich dazu, Podcast-Episoden aus dem Netz zu laden. Das Programm gibt es sowohl für Windows als auch für MacOS X und Linux.

1. Podcast hinzufügen
Um einen Podcast hinzuzufügen, klicke auf den grünen Button mit dem **+**-Zeichen. Der Dialog **Feed hinzufügen** öffnet sich, und dir stehen die Registerkarten **Allgemein**, **Aufräumen** und **Authentification** zur Verfügung. Es reicht aber, wenn du unter **Allgemein** im Feld **URL** die Adresse für den RSS-Feed eingibst. In unserem

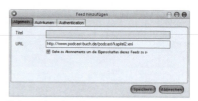

Podcast in Juice hinzufügen

kleinen Beispiel lautet die Adresse **http://www.podcast-buch.de/podcast/kapitel2.xml**. Klicke nach der Eingabe auf **Speichern**. Jetzt ist der Feed in deiner Aboliste hinzugefügt. Du findest **Das Podcast-Buch. Hören.** in der Liste. Wenn du den Titel markierst, erscheinen in der unteren Liste die Episoden.

Feed in Juice auf neue Episoden überprüfen

2. Feed-Einstellungen anpassen

Nachträglich kannst du die Einstellungen für jeden Podcast verändern. Markiere zunächst den Podcast, den du verändern möchtest, und klicke dann auf den Button „Feed-Eigenschaften". In diesem Dialog kannst du nachträglich die RSS-Feed-Adresse verändern oder den Titel anpassen. In der Registerkarte **Aufräumen** kannst du einstellen, dass Episoden nach einer bestimmten Anzahl von Tagen gelöscht werden. Wenn dein Podcast per Passwort geschützt ist, kannst du unter **Authentification** einen Benutzernamen und das dazugehörige Passwort eintragen.

Feed-Eigenschaften in Juice

3. Podcast-Abos aktualisieren

Wenn du auf **Feed überprüfen** klickst, wird der markierte Podcast von Juice auf neue Episoden hin überprüft. In der Registerkarte **Downloads** werden die neuen Episoden aufgelistet. Du kannst anhand des Status ablesen, ob der Ladevorgang beendet ist. Sobald die Episoden geladen sind, werden sie in dem eingestellten Medienplayer abgespielt. An dieser Stelle noch einmal der Hinweis: Juice spielt die Episoden nicht direkt ab, sondern verknüpft sie mit deinem Medienplayer.

4. Terminplaner anpassen

Juice kannst du auch im Hintergrund laufen und beim Systemstart automatisch aufrufen lassen. Dazu passend kannst du die Ter-

Terminplaner in Juice

Kapitel 2 – *Podcasts hören*

minplaner-Funktion nutzen. Wenn du auf den **Terminplaner**-Button klickst, kommst du in den entsprechenden Dialog. In diesen Einstellungen kannst du den Terminplaner aktivieren, indem du das entsprechende Häkchen setzt. Die Zeitplanung ist pfiffig einstellbar: Entweder, du wählst bis zu drei individuelle Zeiten aus, wann die RSS-Feeds automatisch überprüft werden sollen, oder du kannst ein bestimmtes Intervall eingeben, nach welchem die neuesten Episoden heruntergeladen werden. Wenn du deine gewünschten Zeiteinstellungen vorgenommen hast, klicke einfach auf den **Speichern**-Button.

Podcast-Verzeichnis in Juice

5. Podcast-Verzeichnis nutzen

Wie iTunes verfügt auch Juice über ein eigenes Podcast-Verzeichnis. Das kannst du über die Registerkarte **Podcast-Verzeichnis** aufrufen. Darin sind die Podcasts in einer Baumstruktur untergebracht. Wenn du einen Podcast auswählst, erscheint die RSS-Feed-Adresse neben dem **Hinzufügen**-Button. Möchtest du den Podcast abonnieren, brauchst du nur auf Hinzufügen zu klicken; Juice setzt den ausgewählten Podcast dann sofort in deine Aboliste.

6. Podcasts verwalten

Damit es keinen Episoden-Wildwuchs gibt, hat Juice eine schöne Aufräum-Funktion. Wenn du die Registerkarte **Aufräumen** auswählst, kannst du einen Filter setzen, um Episoden zu finden, die gelöscht werden sollen. Zunächst wählst du einen Podcast aus, dessen Podcast-Episoden du löschen möchtest. Du kannst entscheiden, ob die Episoden aus der Bibliothek des Medienplayers gelöscht werden sollen oder auch aus dem Festplatten-Ordner der Downloads. Nach der Episoden-Suche kannst du bestimmen, welche Episoden gelöscht werden sollen und welche nicht.

Aufräum-Funktion in Juice

7. Medienplayer anpassen

Über den Menüpunkt **Datei** gelangst du zu den Einstellungen. In der Registerkarte **Medienplayer** kannst du einstellen, welches Programm zum Abspielen deiner Podcast-Episoden genutzt werden soll. Änderst du an dieser Stelle die Programmauswahl, so startet Juice künftig das neue Programm, um die Episoden abzuspielen. Wenn du deine Einstellungen vorgenommen hast, klicke auf den **Speichern**-Button.

Du hast jetzt drei verschiedene Podcatcher kennen gelernt, mit denen du deine Podcasts verwalten kannst. Es gibt inzwischen Hunderte von Podcatchern. Das Prinzip ist jedoch immer dasselbe. Wenn du dich mit diesen drei Programmen etwas vertraut gemacht hast, wirst du dich auch schnell in den anderen Programmen einfinden, wenn du sie ausprobieren solltest.

Feedreader zum Podcast-Hören

Du kannst übrigens auch mit ganz normalen so genannten Feedreadern Podcasts abonnieren. Die Hauptaufgabe von RSS-Feeds ist eigentlich, Texte zu übermitteln. Mit einem Feedreader kannst du so zum Beispiel die Schlagzeilen der Tagesschau, die neusten Artikel des Spiegels oder die jüngsten Einträge aus Weblogs lesen. Der Feedreader überprüft alle abonnierten RSS-Feeds und übermittelt dann die neuesten Texte. Das E-Mail-Programm Thunderbird (➲ **mozilla-europe.org/de/products/thunderbird**), ein Schwesterprogramm des Internet-Browsers Firefox, hat zum Beispiel eine Feedreader-Funktion eingebaut. Mit ihr kannst du deine RSS-Feeds und in diesem Fall auch Podcasts verwalten. Thunderbird zeigt Audiodateien als Anhang an. Wenn du keinen speziellen Podcatcher installieren möchtest, aber deine E-Mails mit Thunderbird verwaltest – praktisch!

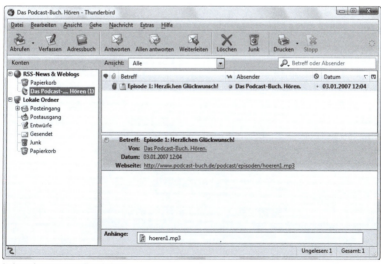

Podcast abonnieren mit Thunderbird

Kapitel 2 – *Podcasts hören*

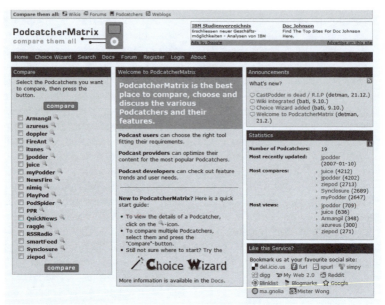

PodcatcherMatrix

Die PodcatcherMatrix

Es gibt Podcatcher wie Sand am Meer. Um gegen die großen Programme wie iTunes ankommen zu können, verfügen sie über viele interessante Funktionen. Doch es ist schwer, hier den Überblick wahren zu können. Die PodcatcherMatrix (➔ **podcatchermatrix.org**) hilft dir weiter. Ein Team aus Berlin nimmt auf dieser Seite rund 20 Podcatcher genauestens auseinander und prüft eine lange Featureliste bei den aktuellsten Programmversionen ab. Du kannst aus einer Liste alle Podcatcher auswählen, die du vergleichen möchtest. Nach deiner Auswahl erscheint eine Funktionsmatrix: Die ausgewählten Podcatcher werden in Spalten nebeneinander aufgeführt, und du kannst Zeile für Zeile die Funktionen überprüfen.

Podcasts unterwegs hören

Den Reiz von Podcasts macht die Mobilität aus: Inhalte kannst du hören, wann und wo du willst. Du musst nicht zu einer bestimmten Zeit dein Radiogerät einschalten oder dich an einem bestimmten Ort aufhalten. Du brauchst nicht einmal an deinem Computer zu sitzen. Auch unterwegs – egal, ob beim Spaziergang, auf dem Weg zur Arbeit, in der U-Bahn, im Auto oder beim Sport – hast du immer deine Podcasts dabei. Schon durch die Zusammensetzung des Begriffes „Podcast" wird deutlich, welche wichtige Rolle der iPod, der mobile MP3-Player von Apple, dabei einnimmt. In diesem Abschnitt lernst du, wie du deinen iPod mit deinen Podcast-Abos synchronisierst und

Kapitel 2 – Podcasts hören

iPod-Familie (Foto: Apple)

wie du andere MP3-Player nutzen kannst. Außerdem zeigen wir dir, wie du mit deinem Telefon Podcasts hören kannst.

Podcasts mit dem iPod hören

Damit du Podcasts auf deinem iPod hören kannst, musst du deine Abos in iTunes verwalten. Das ist aber kein Nachteil! Die Software und der mobile Medienplayer spielen perfekt zusammen. Du brauchst iTunes nur zu öffnen und deinen iPod mit einem USB-Kabel anzuschließen, und schon werden alle neuen Podcasts übertragen. Du kannst sogar einstellen, dass gehörte Podcasts gelöscht werden.

1. iPod mit iTunes verbinden

Zunächst brauchst du einige Abos in iTunes. Wenn du noch keine Podcasts abonniert hast, gehe in das Verzeichnis, und suche nach ein oder zwei Podcasts, die du abonnieren möchtest. Wenn du die Podcasts abonniert und auch die neueste Episode geladen hast, dann schließe deinen iPod mit dem USB-Kabel an deinen Computer. iTunes erkennt deinen iPod automatisch und beginnt mit der Synchronisierung; das heißt, dein iPod wird auf den neuesten Stand gebracht: Sind neue Folgen in iTunes vorhanden, werden die auf den iPod gespielt, hast du in der Zwischenzeit einzelne Episoden gelöscht, werden diese vom iPod entfernt.

2. Synchronisierung abwarten

Wenn dein iPod mit iTunes verbunden ist, erscheint das Gerät in der Quellenliste. Du kannst deinem iPod einen Namen geben. Dieser wird dann in der Geräteliste angezeigt. Neben dem Namen erscheint ein runder Button mit zwei sich drehenden Kreisen. Solange dieser Button angezeigt wird, läuft die Synchronisierung. Du solltest dabei auf keinen Fall den iPod entfernen – das führt zum Datenverlust auf dem iPod, und im schlimmsten Fall musst du das Gerät komplett neu starten und alles neu einstellen!

iPod-Synchronisierung in iTunes

Kapitel 2 – Podcasts hören

3. iPod von iTunes trennen

Sobald die Synchronisierung beendet ist, kannst du deinen iPod vom Programm trennen. Klicke dazu einfach auf den runden Button mit der Pfeilspitze nach oben. Den **Trennen**-Button findest du direkt neben dem Namen deines Geräts. Wenn du den iPod „ausgeworfen" hast, kannst du ihn auch vom USB-Kabel trennen.

4. Podcast auf dem iPod auswählen

Dein iPod ist jetzt auf dem neuesten Stand. Wenn du ihn startest, findest du die Podcasts nun unter dem Punkt *Musik* und schließlich im Untermenü *Podcasts*. Es folgt eine Liste mit allen Podcasts, die du abonniert hast. Gibt es hier eine Episode in den jeweiligen Podcasts, die du noch nicht gehört hast, dann wird dem Podcast-Titel in der Liste ein blauer Punkt vorangestellt. Wählst du einen Podcast aus, zeigt dir der iPod alle verfügbaren Episoden an. Die noch nicht gehörten werden markiert, und wenn du sie zum ersten Mal anspielst, verschwindet der blaue Punkt wieder. Wenn du jetzt noch die Podcast-Episode auswählst, dann startet die Episode.

Einstellungen zum Podcast-Hörverhalten

5. Einstellungen in iTunes vornehmen

Schließe noch einmal deinen iPod an den Computer an, um einige Einstellungen vorzunehmen. Wähle in der iTunes-Quellenliste deinen iPod aus. Du gelangst sofort in die Optionsübersicht. Wählst du die Registerkarte **Podcasts**, kannst du Einstellungen zu deinem Hörverhalten vornehmen. Du kannst iTunes nun so konfigurieren, dass entweder alle Podcasts überspielt werden oder nur bestimmte. So kannst du einige Podcasts einfach auf deiner Festplatte lassen. Außerdem kannst du einschränken, dass nicht alle Episoden überspielt werden. Über die anderen Registerkarten kannst du noch weitere Einstellungen an deinem iPod vornehmen, die aber nichts direkt mit den Podcasts zu tun haben.

Podcasts mit anderen MP3-Playern hören

Manchmal sind wir der Frage begegnet, ob man zwingend einen iPod braucht, um Podcasts zu hören. Wenn man alleine nach dem Begriff geht, ist das eine berechtigte Frage. Aber der Begriff dient eher dazu, dem Kind einen hippen Namen zu geben und sich etwas im Glanz des iPod-Erfolgs zu sonnen. Aber auch ohne iPod lassen sich Podcasts prima genießen: Du kannst sie mit jedem gängigen MP3-Player hören.

Du lädst einfach mit deinem Podcatcher die neuesten Episoden herunter und schließt deinen MP3-Player an den Computer an. Dann markierst du die Episoden in dem Ordner auf der Festplatte, in dem der Podcatcher sie abgelegt hat und ziehst sie auf den MP3-Player. Fertig – du kannst die Podcasts nun unterwegs anhören.

Podcasts per Telefon hören

In Zeiten von Festnetz-Flatrates und günstigen Telefontarifen hat sich das Angebot, Podcasts per Telefon zu hören, zu einer praktischen Funktion entwickelt. Die Web-Seite **phonecaster.de** bietet Podcasts per Telefon an. Du wählst für einen bestimmten Podcast eine bestimmte Telefonnummer, und dir wird die aktuellste Episode vorgespielt. Per Telefontastatur kannst du dich durch die Episoden navigieren.

Das ist sehr praktisch: So kannst du Verwandte, Freunde und Bekannte zu Podcasts verhelfen, selbst, wenn sie keinen MP3-Player, Internet-Anschluss oder gar Computer haben. Dieses Angebot ist auch kostenlos: Du bezahlst nur die Telefongebühren im Festnetz; **phonecaster.de** benutzt keine teuren Sonderrufnummern.

1. phonecaster.de aufrufen

Damit du einen Podcast anrufen kannst, brauchst du dessen Telefonnummer. Die findest du im Verzeichnis von **phonecaster.de**

2. Podcast aus dem Verzeichnis heraussuchen

Im Bereich **Podcasts abhören** hast du die Möglichkeit, alle Podcasts zu finden, die eine eigene Telefonnummer besitzen. Trage einfach den Namen des gewünschten Podcasts in das Suchfeld ein, und nachdem du auf den **Suchen**-But-

Suche nach **150 Fragen in Sachen Podcasts**

ton geklickt hast, wird dir die Telefonnummer angezeigt.

3. Nummer anrufen

Jetzt musst du nur noch die Telefonnummer ablesen und von deinem Telefon aus anrufen. Die Nummer des Podcasts **150 Fragen in Sachen Podcasts** zum Beispiel lautet **0931 663 991 261**. Wenn du die Nummer gewählt hast, startet direkt die aktuellste Episode.

4. Per Telefon navigieren

phonecaster.de bietet dir an, über die Telefontastatur durch die Podcast-Episode zu navigieren. Die folgenden Tasten kannst du nutzen:

- Taste [1] spult fünf Sekunden rückwärts.
- Taste [2] pausiert die Episode für bis zu 60 Sekunden. Du kannst die Pause aber vorzeitig beenden, indem du eine beliebige Taste auf deinem Telefon drückst.
- Taste [3] spult fünf Sekunden vorwärts.
- Taste [4] spult eine Minute rückwärts.
- Taste [6] spult eine Minute vorwärts.
- Taste [9] wechselt zur nächsten Episode.
- Taste [0] spielt Informationen zur aktuellen Episode ab.
- Taste [*] aktiviert den Audio-Kommentarmodus. Mit [1] kannst du jetzt Kommentare anhören und mit der [2] einen eigenen abgeben. Mit der Taste [9] kommst du zum nächsten Kommentar.

Podcasts mit dem Handy hören

Auch Handys bieten zum Teil die Möglichkeit, Podcasts zu hören. So hat Nokia einige Handys mit einer Podcast-Funktion ausgestattet. Mit diesem Handy kannst du direkt in ein Podcast-Menü wechseln und erhältst dort verschiedene Podcasts zur Auswahl. Du kannst aber auch eigene RSS-Feeds hinzufügen. Da das N80 auch über WLAN funktioniert, brauchst du den Download der Episoden nicht über die teuren Handy-Datenverbindungen zu regeln. Ist ein Hotspot in der Nähe, loggst du dich einfach mit deinem Handy ein und lädst die neuen Episoden auf dein Gerät.

Nokia N80 Internet Edition (Foto: Nokia)

Podcasts mit der PlayStation Portable hören

Auch mit der mobilen Sony-Spielkonsole PlayStation Portable, kurz PSP,

Kapitel 2 – *Podcasts hören*

Podcast-Seiten, die man kennen muss

PlayStation Portable (Foto: Sony)

Im Netz gibt es zahlreiche Web-Seiten, die sich mit dem Thema Podcasts beschäftigen. Unendlich viele Informationen stehen dir dabei gegenüber, unzählige Verzeichnisse wollen Wegweiser durch den Podcast-Dschungel sein. Auch im deutschsprachigen Bereich haben einige Portale ihre Pforten geöffnet. Die folgenden solltest du kennen.

kannst du Podcasts hören. Das Gerät unterstützt RSS-Feeds und WLAN, und so ist es kein Problem, Podcasts zu abonnieren und neue Episoden zu laden. Du brauchst dich nur in der Nähe eines WLAN-Hotspots zu befinden und die Adresse zu einem RSS-Feed einzugeben, und schon fügt die Konsole den Podcast in dein Podcast-Archiv hinzu und lädt bei Bedarf einzelne Episoden. Die werden gespeichert, und so kannst du nicht nur Spiele auf der PSP zocken, sondern auch unterwegs Podcasts hören.

podster.de

Bei **podster.de** handelt es sich um das bekannteste deutsche Podcast-Portal. Schwerpunkt sind Orientierungshilfen für Podcast-Hörer, die nach interessanten Projekten suchen. **podster.de** bietet kein klassisches Verzeichnis an, sondern arbeitet mit Stichwörtern. Du kannst dir Podcasts

podster.de

anzeigen lassen, die mit einem bestimmten Stichwort versehen sind, oder du kannst die Suchfunktion benutzen, um Podcasts oder einzelne Episoden zu finden.

Die Web-Seite lädt durch nette Gimmicks zum Stöbern ein. So listen verschiedene Charts Podcasts auf, die von anderen Besuchern besonders oft gehört und für gut bewertet wurden. Podcasts, die kürzlich eine neue Episode ins Netz gestellt haben, werden ebenso dargestellt wie Podcasts, die gerade erst frisch an den Start gegangen sind. Der Clou: Jeder Podcast, der bei **podster.de** angemeldet ist, hat eine eigene Seite. Auf dieser Seite gibt es ein Bild, eine Beschreibung und eine Liste mit den aktuellen Episoden. Diese kannst du auch direkt online hören.

Gefällt dir eine Episode, kannst du den Podcast über **podster.de** abonnieren, indem du dir unter **MyPodster** ein eigenes Profil anlegst. Das gibt dir die Möglichkeit, deine persönliche Aboliste zusammenstellen und Podcasts zu bewerten. **podster.de** ist also eine Art **Online-Podcatcher**. Von jedem Internet-Zugang aus kannst du so auf deine abonnierten Podcasts zugreifen. Die Seite wird abgerundet mit einer Community und einem Hilfebereich, der nützliche Informationen sowohl für Hörer und Produzenten bereitstellt – und ein solcher wirst du mit diesem Buch später ja noch.

podcast.de

Unter der eingängigen Adresse **podcast.de** befindet sich das deutschsprachige Podcast-Portal. In diesem Portal werden alle Podcast-relevanten Informationen gesammelt und landen in den Bereichen **Informieren**, **Konsumieren**, **Kommunizieren** und **Produzieren**. Schritt für Schritt gerätst du so als Neuling in die Podcast-Welt.

podcast.de

Alte Hasen bekommen die Gelegenheit, sich im Bereich **Informieren** einen Überblick über beliebte Podcasts und Themen zu verschaffen. Im Bereich **Konsumieren** findest du die eigentlichen Podcasts unterteilt in Kategorien. Hitlisten heben einzelne Podcasts besonders hervor. **podcast.de** arbeitet allerdings mit anderen Begriffen. Was für uns in diesem Buch Podcast sind, heißt dort **Sender**, eine Podcast-Episode ist dort eine **Sendung**.

Der Bereich **Kommunizieren** soll das Gespräch unter Podcastern und Hörern fordern. Dazu gibt es eine FAQ mit häufigen Fragen zum Podcasten sowie eine Mailing-Liste, die allerdings relativ wenig genutzt wird. Der Bereich **Produzieren** zeigt dir schließlich, wie du selbst podcasten

kannst. Dazu werden dir auch Produkte und Dienstleister vorgestellt, die bei der Produktion hilfreich sind. Als Nutzer kannst du dir auch auf **podcast.de** einen Account zulegen und eine Aboliste erstellen.

dopcast.de

dopcast.de wirbt mit dem Slogan **Die Hörer-Community** und wird von der AD ON Media GmbH betrieben – der Firma, die den ersten deutschen Werbedienst für Podcasts gestartet hat. **dopcast.de** ist auch entsprechend dahingehend ausgerichtet, ein werbefreundliches Klima zu schaffen. Trotzdem bietet diese Seite gute Möglichkeiten, um auf Entdeckungsreise zu gehen. **dopcast.de** unterscheidet dabei ausdrücklich zwischen Audio- und Video-Pod-

dopcast.de

casts. Die einzelnen Podcasts werden nach dem Stichwortprinzip sortiert, du kannst sie aber auch über die **Suche** finden. Auch über **dopcast.de** kannst du dir einen Account anlegen und dann einzelne Podcasts bewerten und kommentieren. Sehr schön: Du kannst dir nicht nur die Audioepisoden auf der Seite anhören, sondern auch die Video-Podcasts direkt online anschauen.

wiki.podcast.de

Unter der Adresse **wiki.podcast.de** ist ein deutsches Podcast-Wiki zu finden. Es ist von einzelnen Podcastern gegründet worden, um möglichst viele Informationen rund um das Thema Podcasting zusammenzutragen. Ein Wiki ist eine Seitensammlung, die von den Benutzern nicht nur gelesen, sondern auch online geändert werden kann. Jeder Besucher kann somit auch selbst zum Autor werden. Nutzer der Wikipedia werden sich im Podcast-Wiki sofort zurechtfinden.

Du findest hier nicht nur Hintergrundinformationen zu einzelnen Podcasts, sondern kannst auch aktuelle Informationen aus der Podcast-Szene lesen. Sehr zu empfehlen ist an dieser Stelle der Artikel **Neues aus der Szene** – ein regelmäßiger Besuch lohnt sich, da du so immer auf dem Laufenden bleibst. Auch sehr nützlich ist die Liste mit Musikquellen für deinen Podcast.

Solltest du selbst etwas hinzufügen wollen, kannst du über den Link **Bearbeiten** oberhalb der Textbox in den Editier-Modus der Web-Seite wechseln. Jetzt kannst du die Texte direkt im Browser ändern und speichern. Aber Vorsicht: Die Informationen sollten natürlich stimmen und überprüfbar sein. Im Zweifel werden deine Änderungen von anderen Nutzern wieder rückgängig gemacht

wiki.podcast.de

Kapitel 2 – *Podcasts hören*

oder von anderen Benutzern diskutiert. Urheberrechtlich geschütztes Material ist hier natürlich auch verboten!

peppr.de

peppr.de ist ein junges Podcast-Portal der Firma sugr und wird durch Frank Tentler betreut, der mit seiner Podcast-Schau maßgeblich die Geburtsphase des Podcastings in Deutschland begleitet hat. **peppr.de** ist weniger ein Podcast-Verzeichnis als mehr eine Medienverwaltung. Klassische Textnachrichten und Weblog-Einträge können hier mit Audio- und Video-Podcasts kombiniert werden. Du kannst dir so verschiedenste Web-Inhalte zusammenstellen, online lesen, ansehen und hören.

Sobald du dir verschiedene Inhalte gruppiert hast, kannst du diese direkt als so genanntes Widget auf deiner Homepage einbinden. **peppr.de** fügt dann automatisch die frischsten Inhalte der Quellen ein, die du zuvor ausgewählt hast. Das ist auf den ersten Blick etwas kompliziert; **peppr.de** lässt dich aber nicht alleine in den Quellen-Urwald stürzen: In **Themen-Channels** geben Podcaster einen Blick über Quellen, die sie für ihr Thema besonders wertvoll halten.

Bekannte und hörenswerte Podcasts

Bevor du dich ans Selbermachen heranwagst, solltest du dich auf jeden Fall etwas im Internet umhören: Wie gestalten andere ihre Podcasts? Wie setzen sie ihre Themen um? Welche vielleicht ungewöhnlichen Mittel setzen sie ein, um die Abonnenten glücklich zu machen? Besonders im internationalen Bereich haben sich schon feste Podcast-Größen

peppr.de

etabliert, die jede Woche tausende Hörer aufs Neue begeistern. Einige sind zu wahren Idolen im Internet avanciert.

Aber auch in Deutschland gibt es viele Podcasts, die es anzuhören lohnt. Deswegen haben wir an dieser Stelle zehn Podcasts ausgewählt, die du einfach kennen solltest. Ein kleiner Wegweiser ist schon deswegen nötig, weil es hunderte Podcasts insgesamt gibt. **podster.de** verzeichnete Anfang 2007 knapp 3.500 Podcasts. Von 40% gibt es regelmäßig neue Episoden. Bei der folgenden Auswahl haben wir uns auf reine Podcasts beschränkt – Zweitverwertungen von Radio- und Fernsehinhalten zählen nicht. Es sind Podcasts, die wir für besonders hörenswert halten, auch, weil sie aktiv die Podcast-Szene in Deutschland gefördert haben.

Annik Rubens (Foto: Sebastian Widmann)

Schlaflos in München

Schlaflos in München (➲ schlaflosinmuenchen.com) ist der persönliche Podcast von Annik Rubens. Dahinter verbirgt sich die freie Journalistin Larissa Vassilian. Auf der Suche nach spannenden Themen experimentierte sie mit Podcasts, als das Thema in Deutschland noch gar nicht bekannt war.

Im März 2005 startete sie **Schlaflos in München** als Experiment: Täglich erzählte sie rund fünf Minuten kleine Anekdoten aus ihrem Leben in München und sprach über Themen, die sie persönlich beschäftigten. Schnell wuchs eine Fan-Gemeinde heran; Annik ließ ihren Podcast weiterlaufen und ist zur großen Mutter der deutschen Podcast-Szene geworden. In vielen Zeitschriften- und Zeitungsarchiven lassen sich Interviews mit ihr finden, denn viele Journalisten haben gerne ihr Beispiel herangezogen, um Podcasts in Deutschland zu beschreiben.

Seit dem Start ist die Hörerzahl von **Schlaflos in München** stetig gewachsen – auf über 10.000 Tag für Tag. Ende 2006 hat Annik Rubens den Podcast überarbeitet. **Schlaflos in München** gibt es seitdem wöchentlich als persönliches Magazin. In verschiedenen Rubriken stellt Annik Bücher vor, gibt Kinotipps, spricht über den **Mann der Woche** oder die **Frau der Woche**, führt Interviews oder recherchiert Themen, die sie brennend interessieren.

Neben **Schlaflos in München** hat Annik zahlreiche Ableger gestartet und sich mit verschiedensten Themen rund ums Podcasten beschäftigt. Von ihr stammt zum Beispiel der Wettbewerb, der das Podcast-Logo hervorgebracht hat (s. Seite 147).

Andrea W. will's wissen

Andrea W. aus Regensburg ist sehr neugierig. Es gibt kaum ein Thema, das sie nicht interessiert. Wenn sie im Alltag auf einen Begriff oder ein Thema stößt, zu dem sie aber nur ein oder zwei Fakten kennt, möchte sie mehr wissen. Deshalb hat sie im Februar 2006 ihren Podcast **Andrea W. will's wissen** gestartet (➲ **andrea. podspot.de**). Fast täglich nimmt sie sich eines neuen Themas an. Sie recherchiert im Internet und stellt ihren Hörern das Thema anschließend im Podcast vor. Sinn und Zweck dieses Podcasts ist es also, das Allgemeinwissen zu fördern – und das täglich in weniger als zehn Minuten.

MacManiacs

In diesem Podcast dreht sich fast alles um die Macintosh-Computer von Apple. Der MacManiacs-Podcast (➲ **macmaniacs.at**) beschreibt sich auf seiner Web-Seite wie folgt: **Das meistens mehrmals wöchentlich erscheinende Podcast-Blog eines österreichischen MacUsers**. Dieser MacUser heißt Holger Schmidt und kommt aus Göstling. Seit Sommer 2005 hat er schon mehr als 400 Podcast-Episoden veröffentlicht.

Holger Schmidt (Foto: privat)

Nachdem Holger zunächst sporadisch Podcasts aufgenommen hatte, entwickelte sich sein Projekt zu einem täglichen Mac-News-Podcast. Allerdings artete die Arbeit für die täglichen Ausgaben zu sehr aus. Um trotzdem den Spaß bei der Sache zu behalten, entschloss sich Holger, die Erscheinungsweise umzustellen, um zwar weiterhin **aus seinem Leben mit dem Mac** zu berichten, aber nicht mehr jede Nachricht aus der Apple-Welt zu senden. So kann

Andrea W. will's wissen

das Thema einer Episode sich auch um seine Waschmaschine oder seine Gedanken über Nasenhaare drehen. Trotzdem erfährst du als Hörer Wissenswertes von einem erfahrenen Macintosh-User.

Radio brennt!

Radio brennt! (➲ radiobrennt.com) gibt es nicht per Antenne, sondern nur als Podcast. In dieser digitalen Show dreht sich alles nur um das Eine: das Reden. **Radio brennt!** versteht sich als Talkradioshow im Internet. In der deutschen Hörfunklandschaft gibt es keine Talkshow, wie es sie zum Beispiel sehr erfolgreich in den USA gibt. Deswegen haben Ingo Schmoll, Raimund Fichtenberger und Nicole Brinkmann im März 2006 **Radio brennt!** gestartet.

Fast jede Woche stellen sie eine halbstündige Episode ins Netz, sprechen darin über ganz subjektiv ausgewählte Themen und lockern diese mit eingespielten Soundschnipseln auf. Sie kümmern sich um Pop- genauso wie um Verbraucherschutzthemen. Sie rufen bei **Deutschland-sucht-den-Superstar**-Kandidat Mike Leon Grosch an, lesen aus Wendy-Comics vor oder

Ingo Schmoll (Foto: Anna-Maria Mohr)

lernen schwedische Schimpfwörter mit Musiker Daniel Cirera. In diesen Podcasts wird dir auch der eine oder andere bekannte Musiker begegnen, da Ingo, Raimund und Nicole Arbeitskollegen bei der WDR-Jugendwelle 1LIVE sind.

Spreeblick

Johnny Haeusler war Mitglied der Band Plan B, hat lange im Radio moderiert, eine Web-Agentur geleitet und setzt sich stets mit einem Thema auseinander: sich selbst treu zu bleiben. Das spiegelt sich auch in seinem aktuellen Projekt wieder, dem Spreeblick-Verlag. Dieser Verlag verlegt keine Bücher, sondern digitale Medien. Flaggschiff ist das erfolgreiche und gleichnamige Weblog Spreeblick, und dazu gehört auch ein fast werktäglicher Audio-Podcast (➲ **spreeblick.com**). Als erfahrener Radiomensch weiß Johnny, wie er Themen anzupacken hat, über die er täglich spricht. Er pickt sich genau die Themen raus, die ihn gerade bewegen und füllt damit einige kurzweilige Minuten. Oft holt er sich Verstärkung aus seinem Team und nimmt die Episode entweder in den Spreeblick-Büros oder einem nahe liegenden Café in Berlin-Kreuzberg auf. Das Spreeblick-Projekt ist nicht zuletzt auch wegen des Podcasts mit dem Grimme-Online-Award 2006 ausgezeichnet worden.

Computerclub 2

Die Fans waren entsetzt, als das WDR-Fernsehen im Jahr 2003 den

Kapitel 2 – Podcasts hören

SPREEBLICK BLOG SHOP ARCHIVE FEEDS SPRBLCK TRACKBACK

Grinderman-Podcast

Autor: Johnny
06.03.2007, 23:01h

GRINDERMAN

Doch, diesmal bin ich mir sicher, dass ich bereits erwähnt hatte wie großartig Grinderman sind.

Blog-Postings schreiben, die sich so lesen, wie sich Grinderman Songs anhören: Das ist unsere Aufgabe.

(Blödsinn, aber ich mag den Satz)

Auszüge aus den Studiosessions zum ersten Album gibt es jetzt als Podcast.

(Mit Dank an den Logopäden!)

9 Kommentare

Wir kaufen uns einen Wahlcomputer

Autor: Johnny
06.03.2007, 22:44h

AKTUELLE FEATURES
Religiös?
adical: Werbung in Blogs
Horst Schlämmer und die nackten Zwillinge - Hitler kacken bumsen youporn
Live von der Oscar-Verleihung: Wir sind Oscar!
Zwerge an der Macht

VOR EINEM JAHR
Podcast vom 7.3.2006, Toni Mahoni - 11: Osche, Sie werden Mail haben, Monty Python 1975, Anleitung, Alles zurück!, Placebo in Berlin, Datenverkehrsdurchsage

WIR PRÄSENTIEREN:
re:publica 11.-13. April 2007

TONI MAHONI
Videocast-Archiv
Shirts | CD
RSS-Feed
iTunes-RSS

Spreeblick-Podcast

Computerclub einstellte. Diesem Format haben sie trotzdem die Treue gehalten und sich deswegen besonders gefreut, als sich die Macher Wolfgang Back und Wolfgang Rudolph entschieden haben, den Computerclub als Podcast weiterleben zu lassen (⊃ cczwei.de). 20 Jahre lang haben die zwei Wolfgangs die Computerszene begleitet und ihren Zuschauern erklärt. Das Publikum hat sich an die zwei Experten gewöhnt und sogar Petitionen gestartet, als der WDR sich gegen eine Fortführung entschied.

Durch den Podcast ist die Absetzung vergessen. Back und Rudolph kommentieren seit Juli 2006 weiter die aktuellen Entwicklungen im Computerbereich. Der Start des Podcasts hat sich sehr schnell herumgesprochen, sodass kurz nach dem Start der Server in die Knie ging. Die Macher sind selbst gespannt, wohin die Entwicklung im Podcast-Bereich geht. Obwohl ihr Fazit nach einem halben Jahr gemischt ausfällt, werden sie weitermachen. Zwar haben sie die wirtschaftlichen Ziele durch Spenden und Werbeeinblendungen nicht erreicht; der ideelle Wert ist ihnen aber Bezahlung genug. Der Computerclub 2 ist ein schönes Beispiel

Wolfgang Back und Wolfang Rudolph vom Computerclub 2 (Bild: cczwei.de)

für den Einsatz etablierter Medien im Podcast-Bereich. Klassische Formate können so auch ohne starken Sender im Rücken online weiterleben.

Couchpotatoes (Foto: privat)

Couchpotatoes

Männer unter sich. Was die bereden, kannst du im Podcast der Couchpotatoes hören (➲ **couchpotato.es**). Andreas Schäfer und Oliver Bertram setzen sich seit Juni 2005 auf ihre Couch und sprechen über Popkultur, Spiele, Filme und Musik. Oliver und Andreas machen das zum Thema, wozu sich eine Sofasichtweise anbietet und bezeichnen das, was sie machen, als „charmantes Geschwätz". Ihre Hörer lieben ihre zwanglosen Gespräche und freuen sich dazu über die Web-Tipps, die es mit jeder Ausgabe gibt.

Seit April 2006 gibt es außerdem einen Spin-off-Podcast: In der Couchpotatoes-TV-Schau blicken die zwei in ihre Fernsehprogrammzeitschriften und geben persönliche Tipps zum Fernsehkonsum.

Chicks on Tour

Rickie und Tina sind Sängerinnen in einer ABBA-Coverband und des-

Chicks on Tour (Bild: chicks-on-tour.podspot.de)

wegen viel unterwegs. Auf ihren Touren erleben sie viele Geschichten und behalten die nicht für sich, sondern podcasten ihre Tour-Stories (➲ **chicks-on-tour.podspot.de**). **Chicks on Tour** heißt der Podcast, in dem Rickie und Tina ihre Tour-Erlebnisse witzig verarbeiten.

Im Oktober 2005 ist die erste Ausgabe der Chicks im Internet veröffentlicht worden, und seitdem haben sie für viel Aufsehen in der Podcast-Szene gesorgt. Obwohl sie durch die Reiserei keine Zeit haben, häufig Podcasts aufzunehmen, lohnt sich ein Blick. Für ihren Podcast sind Rickie und Tina mit dem Jurypreis des deutschen Podcast-Awards 2006 ausgezeichnet worden.

Wanhoffs wunderbare Welt der Wissenschaft

An jedem Sonntag taucht Thomas Wanhoff in die Welt der Wissenschaft ein (➲ **wissenschaft.wanhoff.de**). Woche für Woche beschäftigt er sich mit den unterschiedlichsten Themen

Kapitel 2 – *Podcasts hören*

Thomas Wanhoff (Foto: privat)

Was mit Medien

und beleuchtet die wissenschaftlichen Hintergründe. In der einen Woche analysiert er, warum es 2006 weniger Hurrikane gab, während er sich in der anderen Woche noch über das unterschiedliche Essverhalten von Mann und Frau beschäftigt hat.

Wanhoff ist Journalist und bereitet die Inhalte in seinem Podcast ansprechend auf. Er betreibt neben dem Wissenschafts-Podcast auch einen Reise-Podcast und engagiert sich darüber hinaus im deutschen Podcast-Verband. Als Vorsitzender vertritt er die Interessen der deutschsprachigen Podcaster und arbeitet an einer guten Lobby, um das Thema Podcasting in der öffentlichen Wahrnehmung fest zu etablieren.

Was mit Medien

Bei diesem Podcast handelt es sich um ein Projekt, an dem wir selbst mitwirken: Daniel Fiene moderiert diesen Medien-Podcast. **Was mit Medien** ist ein Projekt von Studenten der Westfälischen Wilhelms-Universität Münster. Seit Oktober 2004 gibt es das Format auf Radio Q, dem Campusradio für Münster und Steinfurt. Daniel Fiene und Herr Pähler gehen Woche für Woche der Frage vieler Studenten nach: **Ich will mal was mit Medien machen! Aber wie?** Dazu sprechen sie mit erfahrenen Journalisten, werfen aber auch einen Blick hinter die Kulissen der Medienszene und setzen sich mit Branchenthemen auseinander.

Seit Juni 2005 gibt es **Was mit Medien** auch als Podcast. Dabei handelt es sich nicht nur um eine Zweitverwertung der Radiosendung: **Was mit Medien** versteht sich als Magazin, das sowohl als Podcast als auch im Radio veröffentlicht wird. In der Zwischenzeit sind sogar zusätzliche Angebote entstanden. Im Video-Podcast haben Daniel und Herr Pähler eine Woche lang täglich vom Medienforum NRW 2006 berichtet und in vier Episoden einen Blick hinter die Kulissen von Radio Kiepenkerl geworfen.

Video-Podcasts

Auch wenn wir in diesem Buch den Schwerpunkt auf Audio-Podcasts legen, möchten wir dir an dieser Stelle drei Videoproduktionen vorstellen, die du kennen solltest. Nachdem wir gerade kurz am Rande den Video-Podcast von „Was mit Medien" erwähnt haben, geht es jetzt um die drei Podcasts, die die meiste Aufmerksamkeit auf sich gezogen haben.

Toni Mahoni

Toni Mahoni ist Held des Video-Podcasts von Spreeblick (➲ **spreeblick.com/category/toni-mahoni**). Regelmäßig setzt er sich an seinen Schreibtisch und berlinert sich für ein paar Minuten durch den Podcast. Dabei philosophiert er über die einfachen Dinge im Leben. Toni ist kein Komiker, schafft aber komische Momente auf seine eigene Art und Weise. Manchmal nimmt er seine Gitarre, manchmal sitzt er im Dunkeln und raucht dabei. Inzwischen gibt es sogar für seine Stammzuschauer Textilprodukte zum Kaufen. Seit Juni 2006 ist seine selbst produzierte CD **Allet is eins** mit fünfzehn selbst performten **Killer-Songs** (Eigenwerbung) käuflich zu erwerben. Während der Fußball-WM 2006 war Toni von Focus Online engagiert worden. In einer täglichen Kolumne schilderte er das Fußballgeschehen aus seiner Sicht.

Toni Mahoni

Angela Merkel – der Podcast der Bundeskanzlerin

Die Bundeskanzlerin selbst müssen wir an dieser Stelle nicht vorstellen, aber ihr Podcast-Projekt (➲ **bundeskanzlerin.de**) schon: Die Aufmerksamkeit zur Fußballweltmeisterschaft 2006 hat Angela Merkel gut genutzt. Einen Tag vor der Eröffnung stellte sie ihren ersten Video-Podcast ins Internet. Somit ist sie die erste Regierungschefin der Welt, die einen eigenen Video-Podcast anbietet.

Seit Juni 2006 stellt Merkel fast jede Woche eine Videobotschaft ins Netz. Die Kanzlerin äußert darin ihre Meinung zu aktuellen politischen Themen. Auch möchte sie ihre Arbeit transparenter gestalten und darauf aufmerksam machen, welche Schwierigkeiten es beim Regieren gibt. Mit großer Aufmerksamkeit sind ihre ersten Folgen von der Öffentlichkeit begleitet worden. Eine Bundeskanzlerin mit Video-Podcast – das gab viel Zustimmung.

Die Durchführung ist jedoch viel kritisiert worden: In dem jungen Medium wirkte die Kanzlerin zu steif, wenn sie vor einer so genannten Bluebox saß, die wechselnde Bilder einblendete, und ihre geschriebenen Texte von einem Teleprompter ablas. Die Macher des Podcasts haben auf die Kritik reagiert und verschiedene Formen ausprobiert. Angela Merkel sprach mal freier, mal vorgeschriebener. So jung wie andere Frauen in Musikvideos von MTV ist Angela Merkel noch nicht geworden, aber

Kapitel 2 – *Podcasts hören*

sie hat sich mit ihrem Video-Podcast fest etabliert und ist Woche für Woche ganz vorne in den Podcast-Charts von iTunes dabei.

Ehrensenf

Bei Ehrensenf (➲ **ehrensenf.de**) handelt es sich streng genommen nicht um einen Video-Podcast. Es fehlt der RSS-Feed – Ehrensenf kann nicht automatisch abonniert werden. Trotzdem stellen wir dir das Projekt vor. Bei Ehrensenf handelt es sich um ein Anagramm des Wortes Fernsehen, und schon der Titel spielt darauf an, was es ist: eine Minisendung, die seit November 2005 ausschließlich fürs Internet produziert wird. Moderatorin Katrin Bauerfeind stellt täglich Web-Seiten und Fundstücke

Ehrensenf

aus dem Netz vor. Ihre Texte werden geschrieben von Carola Haase-Sayer und Rainer Bender. Die zwei Produzenten kommen aus der Fernseh-Comedy und haben für RTL und Sat.1 als Autoren und Redakteure gearbeitet. Sie setzen mit Ehrensenf auf eine ganz neue Unterhaltungsform. Die Internet-Sendung hat mittlerweile einen großen Fanstamm – laut der ARD-Sendung Polylux wird eine Episode rund 30.000-mal angeschaut.

3 Podcasts produzieren: Vorbereitung

Genug der Theorie – es wird Zeit, selbst loszulegen. Wenn dein Computer einigermaßen aktuell ist, hast du wahrscheinlich sogar schon alles parat, was du brauchst: ein Mikrofon und ein Aufnahmeprogramm. Wir empfehlen dir, damit zu starten und dieses Kapitel direkt zu überspringen. Teste ruhig erst einmal, wie du dich vor dem Mikrofon fühlst und wie dir das Podcasten gefällt. Wenn du dich weiter reinhängen willst, kannst du immer noch Geld ausgeben, um dir eine bessere Ausrüstung zu kaufen. Dann kehrst du einfach in dieses Kapitel zurück.

Auf den folgenden Seiten klären wir ausführlich, worauf du beim Kauf deiner Ausrüstung fürs Podcasten achten solltest – von der Minivariante bis zum kleinen Podcast-Studio für Streber und Angeber. Das ist das Schöne am Podcasten: Von der Diktiergerät-Qualität bis zur fetten Studioproduktion ist alles dabei, und du kannst dir die Qualität problemlos den eigenen Möglichkeiten und Ansprüchen anpassen und somit auch den Spaßfaktor bestimmen – gerade, wenn du technikbegeistert bist.

Equipment auf einen Blick

Zum Podcasten brauchst du auf jeden Fall folgende Dinge:

- einen Computer
- ein Mikrofon
- ein Paar Kopfhörer
- ein Aufnahmeprogramm
- eine Speichermöglichkeit im Netz (s. ab Seite 92).

Mikrofon

Vielen Computern liegt ein Mikrofon schon bei. Hast du ein Laptop, ist es vielleicht eingebaut, und bei vielen Desktop-Rechnern liegen Stabmikrofone oder Headsets mit in der Verpackung. Wenn du damit herumexperimentiert hast, wirst du merken, dass diese Mikrofone qualitativ nicht der Bringer sind und schnell an ihre Grenzen stoßen. Mikros im Laptop haben manchmal einen leichten Hall, klingen aber auf jeden Fall immer äußerst schwach auf der Brust – da fehlt einfach der Bass.

Tatsächlich stellen die meisten neuen Podcaster sich zuerst die Frage: Welches Mikrofon soll ich benutzen? Ein Patentrezept dafür gibt es nicht. Da die Skala für Mikrofonpreise eine nach

t.bone EM 800 (Foto: Musikhaus Thomann)

oben offene ist, empfehlen wir dir, bei 40 bis 70 Euro zu bleiben. Dafür bekommst du im Elektronikladen um die Ecke schon ein recht gutes Kondensatormikrofon. Es schadet auch nicht, wenn du dich vom Verkäufer beraten lässt – solange du nicht spürst, dass er dir was andrehen will.

Besitzt dein Computer nur einen Line-in- und keinen Mikrofoneingang, musst du etwas mehr Geld investieren: Das Signal von Kondensatormikrofonen muss nämlich noch einmal verstärkt werden, bevor es in die Soundkarte geht. Ein Mikrofoneingang erledigt das für dich automatisch; hast du nur einen Line-in-Eingang, empfehlen wir dir als preiswerteste Lösung eine externe Soundkarte als Vorverstärker.

Der richtige Anschluss

Wenn du dir ein Mikrofon kaufst, achte darauf, dass der Anschluss stimmt. Das gilt auch für alle anderen Geräte, mit denen du deinen Podcast aufnehmen möchtest. Computer haben in der Regel Eingänge für kleine Klinkenstecker. Manche Mikros kommen aber mit großer Klinke oder einem so genannten XLR-Stecker daher. In diesem Fall brauchst du einen Adapter – es sei denn, du steckst das Mikro in ein Mischpult, das du dann wiederum mit deinem Computer verbindest. Es gibt viele Möglichkeiten, wie du deine Ausrüstung am Ende verkabeln kannst. Achte darauf, dass die Steckertypen immer stimmen; sonst musst du am Ende laufend mit Adaptern arbeiten, und das kann

auch wieder bedeuten, dass die Tonqualität darunter leidet.

Headset oder Mikro?

Bei Radio- und Podcast-Machern ist ein kleiner Glaubensstreit entstanden, nachdem mehr und mehr statt eines Mikrofons ein Headset eingesetzt hatten, also ein Kopfhörer mit eingebautem Mikrofon, wie ihn Piloten zum Beispiel auch tragen. Mit dem Headset zu arbeiten ist extrem bequem, weil du einfach vor dich hinbrabbeln kannst, ohne darüber nachzudenken, wo du gerade deinen Kopf hinhältst. Headsets sind mittlerweile auch qualitativ oft sehr gut. Aber: Für wirklich gute Aufnahmen ist immer noch das Mikrofon die erste Wahl. Auch auf Raumeffekte musst du in deinem Podcast mit dem Headset verzichten – du kannst nicht einfach mal schnell vom Mikro weg. Wenn du ein Headset greifbar hast, mach dir deinen eigenen Eindruck. Am Ende ist es eine einfache Geschmacksfrage, und wirklich raushören können nur die Profis, was du da einsetzt – wenn überhaupt.

AKG C444L (Foto: AKG)

Poppschutz zum Selbstbasteln

Wenn du alles angeschlossen hast, starte die Aufnahme und sage den Satz: **Peter probiert, das ‚P' vorsich-**

tig zu sprechen. Harte Konsonanten können es schon mal schlecht klingen lassen, wenn du dir die Aufnahme danach anhörst. Wenn dein Mikro nicht schon von Werk aus ein kleines „Stoffkondom" übergezogen hat, besorgst du dir am besten einen so genannten Poppschutz vor harten Konsonanten. Den bringst du an deinem Mikrofon an, und schon klingt alles etwas sanfter. Damit du kein großes Geld dafür ausgeben musst, reicht am Anfang auch ein einfacher Kleiderbügel aus Draht. Den verbiegst du dir so, dass ein Teil davon kreisrund ist, ziehst einen Nylonstrumpf darüber und befestigst ihn am Mikrofon. Das sieht nicht schön aus, reicht aber fürs Erste.

SPEED-LINK UltraPortable Audio Card

ne Soundkarte als Vorverstärker zulegen. Die einfachsten wie die SPEED-LINK UltraPortable Audio Card sind weniger als zwei Finger breit, kosten gerade mal 15 Euro und lassen sich ähnlich wie ein Datenstecker direkt an einen USB-Steckplatz anschließen.

Wenn du mit einem Apple-Computer arbeitest und dir das Design wichtig ist, kannst du dir mit dem Griffin iMic eine externe Soundkarte kaufen, die optisch auch genau auf deinen Mac zugeschnitten ist. Zusätzlich gibt es natürlich auch größere externe Soundkarten, die von der Qualität her noch besser sind.

Never change a running system!

Wenn einmal alles klappt und du mit der Tonqualität wirklich zufrieden bist, lass alles so, wie es ist. Du brauchst nur Kleinigkeiten ändern, und schon brummt es mit etwas Pech in der Leitung und du musst auf Fehlersuche gehen. Störgeräusche können entstehen, wenn Kabel übereinander oder ungünstig liegen oder es auch nur den kleinsten Wackelkontakt gibt.

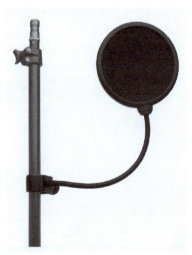

Die professionelle Poppschutz-Variante von K&M (Foto: K&M)

Externe Soundkarte

Besitzt dein Computer keinen Mikrofoneingang, kannst du dir eine exter-

Auch andere Geräte könnten dazwischenfunken. Achte darauf, dass deine Kabel gut liegen und möglichst kurz und abgeschirmt sind.

MP3-Aufnahmegerät

Viele Podcaster, die Tonprobleme mit ihrer Aufnahmeinrichtung am Computer haben, benutzen ein externes Aufnahmegerät und spielen ihre Aufnahmen danach in den Computer ein. Wenn du Dinge unterwegs aufnehmen möchtest, ohne dein Laptop ständig mit dir herumschleppen zu müssen, brauchst du ein solches Gerät so oder so. MP3-Aufnahmegeräte schließt du einfach per USB-Kabel an deinen Computer. Dort verhält es sich wie ein einfacher USB-Datenstecker, und die MP3-Aufnahmen kannst du dir einfach rüber auf die Festplatte ziehen. Welches MP3-Gerät dabei das beste für dich ist, ist eine ähnlich schwere Frage wie die nach dem besten Mikrofon. Hier solltest du dich in aller Ruhe umschauen und vergleichen.

Voraussetzung ist natürlich, dass das Gerät überhaupt aufnehmen kann. Firmen wie iriver haben diese Funktion an ihren neuen Geräten längst wieder abgeschafft – weil sie nur von den wenigsten wirklich gewünscht wird. Wenn du ein altes iriver-Gerät in die Hände bekommst, bist du mit gut 100 Euro aber vergleichsweise wenig Geld los und besitzt dann ein gutes Gerät mit Mikrofoneingang.

Speziell für Außenaufnahmen bietet die Firma MAYCOM ihr MP3-Reporterkit an. Wenn du etwas mehr Geld in ein Aufnahmegerät investieren möchtest, kannst du dir auch Geräte von Edirol, M-AUDIO oder Marantz zulegen. Da gerätst du schon in Preissphären, die bei 350 Euro beginnen, erhältst aber ein qualitativ hochwertiges Gerät.

M-AUDIO MicroTrack 24/96 (Foto: M-AUDIO)

Die Aufnahmegeräte von Marantz sind idiotensicher, die Qualität extrem hoch, und in die Geräte sind sogar Lautsprecher integriert, um die aktuellen Aufnahmen auch unterwegs ohne Kopfhörer abhören zu können. Der große Nachteil: Alle Marantz-Geräte sind extrem groß und schwer, dadurch aber auch wirklich robust. Sie eignen sich von daher am ehesten, wenn man sie täglich im Einsatz hat.

Podcaster schwören eher auf das M-AUDIO MicroTrack 24/96, bei dem Mikrofon, Kopfhörer und (kleine) Speicherkarte direkt mit dabei sind, oder das recht ähnliche Edirol R09. Letzteres ist nur leicht größer als eine Zigarettenschachtel und sieht so aus und liegt so in der Hand wie ein Rasierer. Das R09 hat zusätzlich du den Anschlüssen auch direkt ein Stereomikrofon eingebaut, das erstaunlich gut ist.

Kurzes Kabel!

Wenn du mit einem tragbaren Aufnahmegerät unterwegs bist, solltest du ein Mikrofon dabeihaben, dessen Kabel möglichst kurz ist. 50 Zentimeter reichen aus. Denn wenn du vor deinem Interviewpartner erst einmal stundenlang den Kabelsalat aus der Tasche holen musst, bis du das Mikro entdeckt hast, oder mit dem Drei-Meter-Kabel irgendwo hängen bleibst, sieht das nicht cool aus. Praktisch ist es erst recht nicht. Wahlweise besorgst du dir ein kleines Ansteckmikrofon. Das klemmst du dir an dein Hemd und musst nicht mehr mit dem Riesenmikrofon herumlaufen.

Blick in die Mottenkiste

Solltest du irgendwo noch einen alten tragbaren Kassettenrekorder oder ein MiniDisc-Gerät mit Aufnahmefunktion haben, bist du schon gut bedient: Dann musst du nicht teures Geld ausgeben, um dir ein neues MP3-Aufnahmegerät zu kaufen. Beim Kassettenrekorder reicht die Qualität mit einer neuen Kassette im Laufwerk oft aus, beim MiniDisc-Gerät sowieso.

Aufnehmen mit dem iPod

Griffin bietet mit dem iTalk einen Aufsatz für den iPod an. Darin integriert sind zwei kleine Stereomikrofone; du kannst aber auch dein eigenes anschließen. Das iTalk klinkt sich in den iPod ein, und schon hast du ein vollwertiges Aufnahmegerät für unterwegs – für unter 100 Euro. Qualitativ kann es aber mit den „großen" MP3-Geräten nicht mithalten.

iTalk (Foto: Griffin)

Podcast-Software

Die Hardware für deinen Podcast heben wir nun beisammen – jetzt fehlt noch die Software. Viele Neulinge trauen sich nicht direkt an „richtige" Soundbearbeitungsprogramme, weil sie ihnen zu kompliziert erscheinen. Das ist verständlich, und deshalb gibt es vor allem für Windows-Produkte, die extra für Podcasts hergestellt wurden. Unzählige Anbieter haben schon ihre eigene Podcast-Software auf den Markt „geschmissen". Leider muss man das so sagen, denn besonders die Einsteigerprogramme sind oft nicht ausgereift und stoßen recht schnell an ihre Grenzen. Wenn schon ein solches Programm, dann solltest du dir vorher genau überlegen, welche Nachteile du in Kauf nehmen möchtest.

Einsteigerprogramme

Für Einsteiger lohnt sich zum Beispiel der Podcast Producer von Data Becker. Assistenten begleiten dich hier durch die Aufnahme, die Oberfläche ist aufgeräumt, und mit vier Tonspuren, auf denen du Sprache, Musik und Effekte übereinanderlegen und ineinanderfließen lassen kannst, hast du relativ viele Möglichkeiten. Der Podcast Producer kommt auch gleich mit einer kompletten Datenbank an Musik und Effekten daher. Ein spezieller Assistent hilft dir auch beim Veröffentlichen des Podcasts. Du wirst also von der Aufnahme bis zum fertigen Podcast an die Hand genommen – das alles für 30 Euro ist ein wirklich guter Preis. Für das erste Training ideal – du kannst dich in diesem Programm gut austesten.

Ähnliche Programme sind der MAGIX Podcast Maker, das Podcast-Studio von bhv sowie das WebPod Studio von Lionhardt. Alle bieten allerdings weniger Tonspuren. Der Podcast Maker überzeugt zwar dadurch, dass du beim Kauf gleich 150 MB Online-Speicherplatz dazu bekommst, auf dem du deine Podcasts ablegen kannst. Dafür hast du im Programm nur zwei Tonspuren zur Verfügung, was eindeutig zu wenig ist, wenn du Stimme, Effekte und Musik übereinander legen möchtest. Das Podcast-Studio von bhv kommt sogar mit nur einer einzigen Tonspur daher; beim WebPod Studio kannst du diese noch nicht mal mehr bearbeiten.

Wenn dir der Komfort sehr wichtig ist und du mit einem Programm den Podcast in einem aufnehmen und auch direkt veröffentlichen willst, ist Propaganda wahrscheinlich das ideale Programm für dich. Alle Audio-

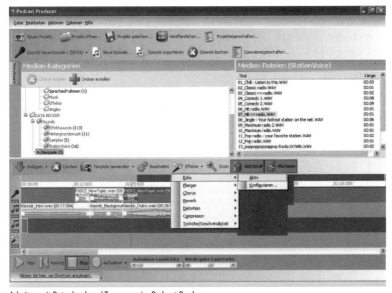

Arbeiten mit Datenbank und Tonspuren im Podcast Producer

Kapitel 3 – *Podcasts produzieren: Vorbereitung*

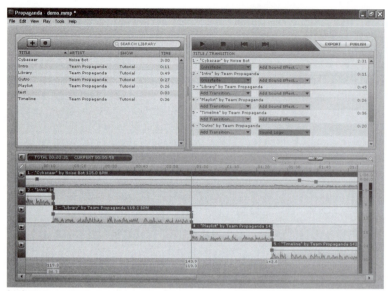

Bearbeitungsansicht in Propaganda

dateien und Aufnahmen kannst du dir dort in einer großen Bibliothek abspeichern. Daraus ziehst du sie in eine Playlist und kannst sie dann auf beliebig vielen Tonspuren anordnen und mischen. Bist du fertig, kannst du deine Projekte zur MP3-Datei machen oder direkt auf deinen MP3-Player kopieren. Außerdem kannst du sie direkt aus dem Programm heraus als Podcast-Episode veröffentlichen – selbst auf deiner eigenen Homepage. Der große Nachteil: Mit Propaganda kannst du einzelne Audiodateien über deren Lautstärke hinaus nur schlecht bis gar nicht bearbeiten; Filter und Soundeffekte fehlen fast komplett. Propaganda gibt es außerdem nur auf Englisch, und du musst es dir für 50 US-Dollar aus dem Netz herunterladen (➔ **makepropaganda.com**).

Komplettpakete

Einen etwas anderen Ansatz verfolgen Pinnacle und Behringer mit ihren Paketen. Beide Angebote enthalten das freie Soundbearbeitungsprogramm Audacity. Die Podcast Factory von Pinnacle liefert dazu einen kleinen Vorverstärker und ein Mikrofon für zusammen stolze 150 Euro.

Etwas mehr musst du mit gut 230 Euro für das PODCASTSTUDIO von Behringer hinlegen. Dafür bekommst du eine preislich angemessene und wirklich gute und qualitativ hohe Ausstattung zum Podcasten: ein Kondensatormikrofon, Kopfhörer, ein FireWire-Interface für die Verbindung mit dem PC und vor allem ein kleines Mischpult, das du um weitere Geräte wie CD-Player oder zusätzliche Mikrofone erweitern kannst. Das Paket enthält mit Ableton Live Lite 4,

Kapitel 3 – *Podcasts produzieren: Vorbereitung*

PODCASTSTUDIO von Behringer (Foto: Behringer)

der Kristal Audio Engine und Audacity außerdem eine gute Auswahl an Programmen für Macintosh- und Windows-Nutzer. Eine – allerdings kleinere – Version des Behringer-Pakets für den USB-Anschluss ist zurzeit außerdem in Planung.

Standard-Software für Podcaster

Einsteiger-Programme sind ein guter Anfang. Du wirst allerdings irgendwann merken, dass du damit an Grenzen stößt. Unter Podcastern haben sich deshalb andere Programme durchgesetzt. An Platz eins der Beliebtheitsskala steht Audacity (➲ **audacity.de**), ein freies Soundbearbeitungsprogramm für Mac OS und Windows. Audacity ist das Programm der Wahl für viele Podcaster, nicht nur, weil es kostenlos ist, sondern auch, weil du damit wirklich viele Möglichkeiten hast, deine Audiodateien zu bearbeiten, die an professionelle Software heranreichen. Das Podcasten werden wir dir in Kapitel 4 (s. Seite 60) auch am Beispiel von Audacity beibringen.

Podcaster, die am Mac arbeiten, setzen oft auf GarageBand, vor allem wegen der typisch-intuitiven Benutzerführung. Das Programm ist Teil

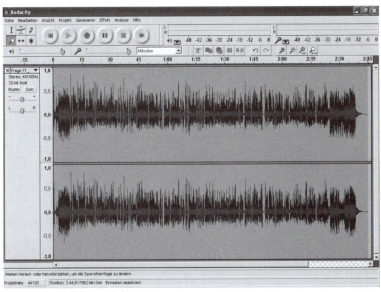

Bearbeiten einer Audiodatei mit Audacity

des Pakets iLife, und ursprünglich konnte man mit GarageBand nur Musik komponieren. Apple hat das Programm später fürs Podcasten nachgerüstet, und du kannst darin nun wie in jedem guten Soundbearbeitungsprogramm mit beliebig vielen Tonspuren deinen Podcast aufnehmen und zusammenstellen. Wenn du einen Mac dein Eigen nennst, empfehlen wir dir dringend, GarageBand mal auszutesten, weil es einfach Spaß macht. Auch hierzu bekommst du in Kapitel 4 (s. Seite 79) etwas mehr zu lesen.

Speziell fürs Podcasting entwickelt wurden die Windows-Programme CastBlaster (➲ **castblaster.com**) und PodProducer (➲ **podproducer.net**) sowie der Übercaster (➲ **ubercaster.com**) für den Mac, der sich zurzeit noch in seiner Testphase befindet. CastBlaster stammt aus dem Hause PodShow, der Firma des Podcast-Pioniers Adam Curry.

Alle drei Programme sind ähnlich aufgebaut: Du hast in einer Ansicht die Aufnahmefunktion und so genannte Carts. Darauf kannst du dir Soundeffekte oder alle anderen möglichen Einspieler legen, die du in deinem Podcast verwenden möchtest. Durch einen einfachen Mausklick werden die Einspieler gestartet. Du kannst auch mehrere Einspieler gleichzeitig anklicken. So kannst du in deinem Podcast zum Beispiel Musik übereinander blenden.

Einen extrem vielversprechenden Ansatz liefert der Übercaster. Du kannst in dieses Programm beliebig viele Audiodateien ziehen und ihnen Tastenkombinationen zuweisen; der Übercaster erlaubt dir sogar den Zugriff auf ungeschützte

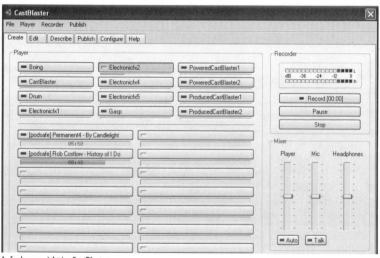

Aufnahmeansicht im CastBlaster

Kapitel 3 – *Podcasts produzieren: Vorbereitung*

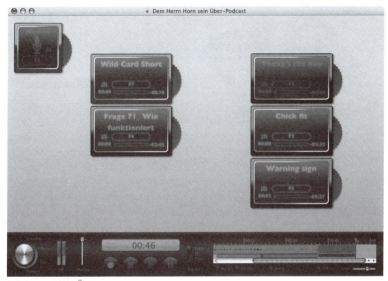

Aufnahmeansicht im Übercaster

Musik aus deiner iTunes-Bibliothek und die Soundeffekte aus Garage-Band. Auch das Mikrofon kannst du während der Aufnahme per Tastendruck an- und ausschalten. Der große Unterschied zum CastBlaster und zum PodProducer ist, dass du deine Aufnahme später bearbeiten kannst. Jedes einzelne Soundelement, das du gespielt hast, und jede Aufnahme mit dem Mikrofon werden dabei wie in Audacity auf verschiedene Tonspuren gelegt. Bist du mit dem Schnitt fertig, wechselt der Übercaster in eine Ansicht, mit der du den Podcast veröffentlichen kannst. Leider gibt es den Übercaster nur für den Mac, und er läuft auch noch extrem instabil; wir werden in Kapitel 4 aber trotzdem auch auf ihn etwas ausführlicher eingehen.

Für Streber: das kleine Tonstudio

Die Grundausrüstung haben wir jetzt parat: deinen Computer, ein Mikrofon und – falls du unterwegs etwas aufnehmen möchtest – ein mobiles Aufnahmegerät. Mehr sollte es für den Anfang nicht sein, denn du musst immer daran denken, in welchem Verhältnis alles zueinander steht. Wenn du schon unter den regelmäßigen Podcastern bist, kannst du die Technik natürlich beliebig und in jede Richtung weiter aufrüsten.

Mikrofon

Für richtig gute Studiomikrofone wird der Preis schon dreistellig; für die richtig teuren zahlst du leicht auch schon über 1.000 Euro. Wenn du schon teures Geld für ein Mikrofon auf den Tisch legst, sollte aber auch

Behringer XENYX 1002 FX (Foto: Behringer)

der Rest stimmen. Die Soundkarte im Laptop reicht dann nicht mehr aus, um die hohe Qualität zu verarbeiten, und als Vorverstärker sollte es dann schon ein Mischpult sein.

Mischpult

Viele Podcaster schwören auf ein Minimischpult für unter 100 Euro, meistens von der Firma Behringer. An ein solches Pult kannst du nicht nur dein Mikrofon anschließen, sondern auch andere Geräte wie CD-Player, MP3-Aufnahmegeräte oder zusätzliche Computer.

So ein Mischpult ist eine extrem praktische Sache, wenn du in deinem Podcast nicht mehr nur selbst sprechen und ab und zu mal ein paar Soundeffekte von deinem Computer aus einspielen möchtest. Sobald du mit Studiogästen, also mit mehreren Mikrofonen arbeitest, ist ein Mischpult zum Beispiel sinnvoll. Du kannst aber auch andere Tonquellen daran anschließen – CD-Player, mobile Aufnahmegeräte oder weitere Computer. So kannst du all diese Quellen ineinander mischen, die Lautstärken regeln und „live on tape" produzieren. Je größer das Mischpult, desto mehr Kanäle und Möglichkeiten hast du natürlich.

Stimmprozessor/Kompressor

Mit der Zeit wirst du dich vielleicht fragen, warum deine Stimme nicht so voll, so bassig und so schön laut klingt wie bei den Damen und Herren im Radio. Die Lösungen heißen: Stimmprozessoren und Kompressor. Ein paar hundert Euro kosten diese Geräte, die deine Stimme auf eine lange Reise schicken, bevor sie in deinem Computer ankommt und aufgenommen wird.

Aufnahme ohne und mit Kompressor

Mit dem Stimmprozessor kannst du für das Mikrofon bis ins kleinste Detail jede erdenkliche Toneinstellung regeln – und speichern. Der Kompressor wiederum macht die lauten Teile deiner Aufnahme leiser. Er schneidet also alles ab, was eine bestimmte Lautstärke überschreitet. Die gesamte Aufnahme kannst du danach wieder lauter machen, und schon klingt alles etwas runder. Gute Schnittprogramme am Computer haben einen solchen Kompressor sogar in Software-Form eingebaut. In dem Fall kannst du erst alles aufnehmen und dann später komprimieren.

Telefonhybrid

Wenn du für deinen Podcast Telefoninterviews führen möchtest und nicht über das Internet telefonieren kannst, weil die Verbindung dort zu langsam und damit zu schlecht ist, oder es aus anderen Gründen nicht geht, ist das höchste aller Gefühle der Telefonhybrid. Dieses Gerät schaltest du zwischen Telefon und Mischpult, und schon kannst du ein Telefoninterview aufzeichnen. Ein paar hundert Euro musst du für einen solchen Hybriden allerdings schon bezahlen.

Soundbearbeitungsprogramm

Wenn du dich von der Hardware her im professionellen Bereich bewegst, gehört am Ende natürlich auch eine professionelle Soundbearbeitung dazu. Programme gibt es viele; hier solltest du ausgiebig schauen, was du brauchst und wie teuer es werden darf. Mehrere hundert Euro könnten da für einen Kauf schon draufgehen. Bekannte Programme in diesem Bereich sind zum Beispiel Cubase, Audition (ehemals CoolEdit Pro) oder WaveLab; die Liste aller Programme ist aber noch viel länger.

4 Podcasts produzieren: Aufnahme

Beim Radio sagen die Chefs immer: **„Mach das Mikro wirklich nur dann an, wenn du etwas zu sagen hast."** Über Web-Logs hat einmal jemand gesagt, es seien die Klowände des Internets. Wahrscheinlich denkt er über Podcasts ganz genau so. Beide Sätze bedeuten für dich: vorher nachdenken, dann aufnehmen. Du brauchst dafür nicht einmal ein ausgefeiltes Konzept.

Wann sollte ich einen Podcast starten?

Konzentriere dich einfach auf deine Stärken und starte einen Podcast, wenn du ...

- gerne Witze erzählst.
- eine Radioshow machen möchtest, die kein Sender ausstrahlen will.
- gerne Geschichten erzählst.
- interessante Erlebnisse hattest, die du erzählen möchtest.
- gerne Leute interviewst.
- selbst Musik machst, die andere hören sollen.
- dich über das Fernsehprogramm auslassen möchtest.
- deine eigene Wettervorhersage machen möchtest.
- Kochrezepte ausprobieren und das Mikro danebenlegen möchtest.

Dir muss nur irgendetwas Spaß machen – dann macht es auch den Zuhörern Spaß. Wir können dir zum Beispiel von Björn Rosenthal erzählen, der bei der Arbeit täglich vor dem Computer saß, im Privatleben aber nicht. Da angelte er lieber. Als er sich beruflich mit dem Thema Podcasten beschäftigte, kam ihm die Idee, einen Angel-Podcast zu starten. Er hat Interviews geführt, an seinen Sendungen herumgebastelt, und heraus kam eine echt gute Show auch für Nichtangler (➲ **carpheart.de**) – vor allem, weil er richtig Spaß am Thema hatte.

Material aufnehmen und bewerten

Du hast alles, was du brauchst? Mikrofon, Aufnahmeprogramm und eine gute Idee? Dann geht es an die Aufnahme. Zwei Varianten stehen sich dabei gegenüber: die Produktion live on tape und die Schnittproduktion.

Live-on-tape-Produktion

Die Produktion live on tape ist großartig – du wirst dich fast so fühlen wie im echten Radio, wenn deine gesamte Technik so funktioniert, wie du es dir vorstellst. Live-on-tape-Produktion bedeutet: Du startest deine Aufnahme, und alles, was in deine Show soll, geschieht live. Du spielst O-Töne ein, startest Musiktitel, Ausschnitte aus anderen Podcasts, Audiokommentare, die deine Hörer dir geschickt haben, oder so genannte Jingles und Drop-ins, also kurze musikalische oder sonstige Erkennungs-

Kapitel 4 – *Podcasts produzieren: Aufnahme*

zeichen für deinen Podcast oder einzelne Rubriken darin. Am Ende stoppst du die Aufnahme wieder, und dein Podcast ist fertig – aufgenommen in Echtzeit.

Die Produktion live on tape bedeutet für dich natürlich: höchste Konzentration! Wenn du über die Musik sprechen oder hier und da ein paar Audiodateien einspielen möchtest, kann viel schief gehen. Wichtig ist da, dass deine Technik mitspielt! Es gibt spezielle Programme für die Live-on-tape-Produktion wie den CastBlaster und den PodProducer für Windows oder den Übercaster für den Mac. Alle drei haben wir dir in Kapitel 3 schon vorgestellt. Sie bieten dir nicht nur eine Aufnahmefunktion, sondern auch eine Reihe von Buttons, so genannte Carts, auf die du deine einzelnen Audiodateien legen und dann per Knopfdruck oder Mausklick abfeuern kannst.

Cart-Tabelle im CastBlaster

Du kannst dir die Möglichkeiten, die dir diese Programme bieten, natürlich auch als Hardware direkt auf den Schreibtisch stellen – in Form eines Mischpultes. Daran kannst du anschließen, was immer du willst: einen CD-Player vielleicht, weitere Mikrofone, einen Fernseher mit Videorekorder oder sogar einen zweiten Computer, mit dem du einzelne Musikstücke oder O-Töne abspielen kannst. Auf deinem Podcast-Computer läuft dann nur das Aufnahmeprogramm.

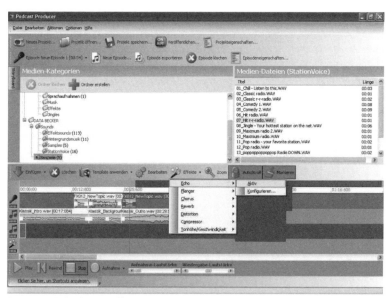

Justierung im PodProducer mit Hilfe einzelner Regler

Kapitel 4 – *Podcasts produzieren: Aufnahme*

Arbeiten mit Tonspuren in Audacity

Je mehr verschiedene Audioelemente du zwischendurch einspielen möchtest, desto schwieriger wird es natürlich, live on tape zu produzieren. Vor allem die Lautstärkeunterschiede werden dir irgendwann zu schaffen machen: Es kann gut sein, dass dein Mikrofon viel leiser klingt als die Musik, die du einspielst, und dass deine Jingles noch einmal leiser produziert sind als dein Mikrofon Lautstärke hat. Du kannst all das über die Regler an deinem Mischpult oder etwas umständlicher in den Podcast-Programmen justieren. Wenn es zu viele Elemente werden, mit denen du arbeitest, kommst du aber irgendwann mit dem Justieren nicht mehr nach, während du gleichzeitig sprechen musst – und das hört man sofort!

Schnittproduktion

Wir empfehlen dir, so viel wie möglich live on tape zu produzieren, denn es klingt einfach spontaner und schöner. Damit es nicht zu kompliziert wird, unterteile deine Aufnahme aber lieber, und nimm den Podcast in mehreren Schritten auf – ein Mix aus Live-on-tape- und Schnittproduktion sollte es sein. Neue Abschnitte kannst du zum Beispiel immer da beginnen, wo du Musik oder andere längere Audioelemente einspielen willst. Am Ende schneidest du einfach alles zusammen. Dafür eignet sich die freie Software Audacity sehr gut, mit der du deine einzelnen Aufnahmen auf so genannten Tonspuren übereinander legen und hin- und herziehen kannst.

Natürlich kannst du dir auch die volle Packung Schnittproduktion geben: Du nimmst am Anfang nur deine Stimme auf, und alles, was später an Musik und anderem Tonmaterial in deinem Podcast stattfinden soll, fügst du nachträglich ein. Das ist nur erstens irre viel Arbeit, und wenn du nicht gerade ein passionierter Frickler bist, macht es auch bei weitem nicht so viel Spaß wie die Live-on-tape-Produktion, die sich fast so anfühlt, als würdest du bei Antenne Düsseldorf „Hallo Wach" moderieren – oder wo auch immer und was auch immer.

Höre deine Stimme

An Fotos von dir hast du dich vielleicht schon gewöhnt, vielleicht auch an Videos, und daher weißt du, wie du aussiehst. Dich selbst zu hören, ist aber eine extrem ungewöhnliche Erfahrung – erst recht dann, wenn du dich in dem Moment hörst, in dem du auch sprichst. Trotzdem unser Tipp: Setz dir während des Sprechens einen Kopfhörer auf. Wenn du dich einmal daran gewöhnt hast, entwickelst du so ein Gefühl dafür, wie du klingst, und kannst dich mit deiner Stimme viel besser ausdrücken. Wenn du als fortgeschrittener Podcaster mit Soundeffekten und Musik arbeitest und deine Sendung live on tape produzierst, musst du ja auch mitbekommen, was da sonst außer dir noch zu hören ist. Wenn du denkst, deine Stimme klingt furchtbar: Das tut sie nicht. Du bist einfach ohne Grund zu selbstkritisch.

Aufnehmen mit Audacity

Wir haben uns entschieden, dir die Produktion eines Podcasts mit Audacity zu zeigen. Dieser freie Audioeditor hat sich unter Podcastern zum Quasi-Standard entwickelt, und durch die Podosphäre ist er eigentlich auch nur so groß geworden. Audacity ist kostenlos, für die drei großen Betriebssysteme Windows, Mac OS und Linux zu haben, und mit etwas Einarbeitung sehr einfach zu bedienen. Wenn du dich etwas in den Menüs umschaust, wirst du schnell sehen: Tatsächlich kannst du mit Audacity noch einiges mehr als nur Podcasts aufnehmen, denn das Programm hat auch die Funktionen einer professionellen Soundbearbeitung.

Aufnehmen mit Audacity: Schritt für Schritt

Das Aufnehmen mit Audacity ist schnell erklärt – das Programm funktioniert nicht anders als dein Videorekorder oder das gute alte Tapedeck.

1. Einstellungen festlegen
Bevor du mit der Aufnahme startest, musst du festlegen, von welcher Soundquelle du die Aufnahmen machen möchtest. Dazu wählst du den Punkt **Einstellungen** im Menü **Bearbeiten** (am Mac

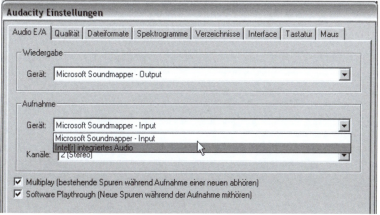

Auswahl der Soundquelle in den Audacity-Einstellungen

Preferences im Menü **Audacity**). Hier kannst du auch direkt einstellen, ob du neue Aufnahmen direkt in Stereo oder nur Mono aufnehmen möchtest. Viele Podcaster bleiben bei der Einstellung Mono, weil die MP3-Dateien damit am Ende viel kleiner werden.

Audacity bietet dir noch viel mehr Einstellungsmöglichkeiten. Die wichtigste findest du in der Registerkarte **Qualität** und **Dateiformate**. Hier kannst du die Standards für Samplefrequenz und Bitrate festlegen. Auch diese Einstellungen wirken sich am Ende auf die Größe deiner Podcast-Datei aus. Schraubst du sie weit runter, wird der Qualitätsverlust allerdings auch hörbar – mitunter so weit, dass man meint, du hättest deinen Podcast mit einem Telefon aufgenommen. 44.100 Hz sollten es als Samplefrequenz sein, bei Podcasts mit viel Wortinhalt mindestens 64 KBit/s und bei denen mit Musik und anderen Elementen mindestens 128 KBit/s als Bitrate (s. Kapitel 4, Seite 79).

2. Aufnahmequelle festlegen

Nach der Soundquelle musst du Audacity noch die Aufnahmequelle mitteilen. Möchtest du vom Mikrofon aufnehmen? Vom eingebauten CD-Laufwerk? Aus deinen anderen Programmen? Du kannst die Aufnahmequelle über eine kleine Auswahlbox festlegen.

Ob Mikrofon oder Line-in entscheidet sich daran, was für einen Klinkenein-

Auswahl der Aufnahmequelle

gang dein Computer besitzt und was für ein Mikrofon du benutzt. Was genau der Unterschied ist, haben wir dir in Kapitel 3 ja schon erklärt.

Interessant ist auch der Stereomix als Aufnahmequelle. Hier kannst du die Aufnahme starten und gleichzeitig mit anderen Programmen Audiodateien abspielen. So kannst du den Audioinhalt aus einem YouTube-Video herausholen, Songs aus iTunes abspielen oder einfach nur den Sound aufnehmen, den du hörst, wenn du den Papierkorb leerst.

3. Aufnahme starten

Nichts leichter als das! Du drückst den roten Aufnahmebutton – und fertig. Jede Aufnahme, die du neu startest, wird automatisch auf einer neuen Tonspur angelegt. So passiert es dir nicht, dass bestehende Aufnahmen überschrieben werden. Wenn du schon mindestens eine Tonspur hast und es eine bestimmte Stelle gibt, an der du deine neue Aufnahme einfügen möchtest, kannst du also ohne Bedenken den roten Knopf drücken.

Kapitel 4 – *Podcasts produzieren: Aufnahme*

Start einer neuen Aufnahme über den roten Aufnahmebutton

4. Tonspuren benennen und verschieben

Mit der Zeit kann Audacity auch unübersichtlich werden. Um der Lage Herr zu werden, hast du mehrere Möglichkeiten. Du kannst zunächst ganz einfach die Tonspuren nach oben und unten verschieben. Dazu klickst du auf den Pfeil über dem Infokasten links neben der gewünschten Tonspur und wählst aus, wohin es gehen soll.

Tonspuren lassen sich außerdem mit Namen versehen – ähnlich wie die Bildebenen in deinem Grafikprogramm. Damit weißt du später noch, was in dieser Tonspur enthalten ist, ohne es noch einmal anhören zu müssen. Über den Punkt **Tonspuren vertikal einpassen** oder die Tastenkombination [Strg] + [Shift] + [F] kannst du außerdem alle vorhandenen Tonspuren in die aktuelle Ansicht packen. Bei viel mehr als zehn Spuren kann aber auch das unübersichtlich werden.

Die richtige Lautstärke

Der so genannte Pegel zeigt dir, mit welcher Lautstärke du gerade aufnimmst. Jedes gute Programm stellt dir einen solchen Pegel zur Verfügung, und die meisten davon sehen gleich aus: ein großer Abschnitt, in dem der Pegel in Grün angezeigt wird, ein kleiner in Gelb und noch ein kleiner in Rot. Nimmst du auf, und der Pegel bewegt sich in den roten Bereich, ist es zu laut. Sobald der Pegel ganz oben beziehungsweise ganz rechts anstößt, ist deine Aufnahme übersteuert. Du wirst es später beim Anhören daran merken, dass es zum Teil verzerrt und nicht mehr klar klingt. Selbst, wenn du deine Aufnahme nachträglich leiser schraubst, bleibt sie übersteuert. Nimm also immer lieber etwas leiser auf, und achte genau darauf, dass der Pegel stimmt. Perfekt ist es, wenn er sich stetig im gelben Bereich bewegt.

Eine Ausnahme unter den Aufnahmeprogrammen stellt Audacity dar. Hier wird der Pegel nicht in Farben, son-

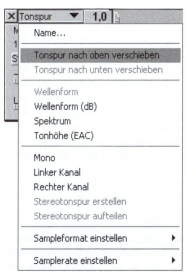

Verschieben von Tonspuren

dern in Zahlen angezeigt, in Dezibel. Wenn du dich hier zwischen −9 und −6 dB bewegst, bist du ebenfalls gut dabei. Erreicht der Pegel 0 dB, ist die Aufnahme übersteuert.

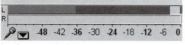
Pegelanzeige in Audacity

Soundprogramme wie Audacity geben dir die Möglichkeit, deine Aufnahme nachträglich durch einen Software-Kompressor zu schicken und dann zu normalisieren. Auf Deutsch heißt das: Die Lautstärken aller Elemente deiner gesamten Audiodatei werden erst einander angeglichen, und anschließend macht dir das Programm die Aufnahme so laut, dass sie an keiner Stelle übersteuert ist, also genau so, dass die lauteste Stelle deiner Podcast-Episode genau an 0 dB heranreicht. Wie das genau funktioniert, klären wir später.

Übrigens noch als **Tipp:** Du solltest beim Sprechen nie das Mikrofon verschlucken! Auch wenn du schon viele Moderatoren gesehen hast, denen das Mikrofon an den Lippen festgewachsen ist – die Länge eines DIN-A4-Blattes zwischen deinem Mund und dem Mikrofon ist schon angebracht. Bist du zu nah dran, kann auch das dazu führen, dass es übersteuert klingt. Und oft verkrampft man, wenn man zu nah am Mikro ist. Bleib schön weg, und bewege dich frei. Das klingt viel besser!

Telefoninterviews aufnehmen

Wenn du nicht die Möglichkeit hast, mit einem Interviewpartner zu sprechen, der dir direkt gegenübersitzt, hilft das Telefoninterview weiter. Wenn wir selbst im „echten" Radiostudio Telefoninterviews aufnehmen, arbeiten wir mit einem so genannten Telefonhybriden. Das ist ein Gerät, das zwischen Telefon und Mischpult geschaltet wird. Du selbst hast dann nicht mehr den Telefonhörer in der Hand, sondern hörst deinen Interviewpartner über den Kopfhörer und sprichst dabei ins Studiomikrofon.

Das Gerät ist aber teuer, und Not macht ja erfinderisch. Deshalb greifen viele Podcaster zu einem zweiten Mikrofon, das sie dann an den Lautsprecher des Telefons halten.

Preiswerter als der Telefonhybrid und besser als das Mikro am Telefonlautsprecher ist Skype. Mit diesem Programm kannst du online telefonieren – kostenlos mit denen, die ebenfalls Skype benutzen, und für ein paar Cent mit denen, die du per Skype über ihre richtige Telefonnummer anrufst. Mit Skype hast du über Plugins wie Audio Hijack Pro oder PrettyMay direkt verschiedene Möglichkeiten, Telefongespräche aufzuzeichnen. Und fertig ist das Telefoninterview für deinen Podcast.

Wichtig, wenn du Interviews aufzeichnest: Frage vorher deinen Gesprächspartner, ob er auch damit einverstanden ist, dass der Mitschnitt später in deinem Podcast landet. Scherzanrufe sind zum Beispiel nur dann erlaubt, wenn du am Ende alles auflöst und dein Opfer so viel Humor hat, dass es damit einverstanden ist, dass der Anruf später in deinem Podcast zu hören ist. Ein „Nein" heißt: Nein!

Telefoninterviews aufnehmen: Schritt für Schritt

Für die Aufnahme von Telefoninterviews benötigst du zwei Programme. Das eigentliche Telefonat führst du mit Skype (➲ **skype.com**), die Aufnahme läuft unter Windows mit einem Programm wie PrettyMay (➲ **prettymay.net**) und am Mac zum Beispiel mit Audio Hijack Pro (➲ **rogueamoeba.com/audiohijack pro**).

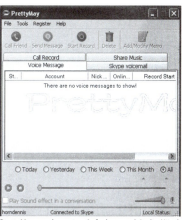

PrettyMay vor der ersten Aufnahme und Audio Hijack Pro bei der Aufnahme eines Skype-Calls

Kontaktliste in Skype und Skype-Telefonate mit Festnetzanschlüssen

1. Skype starten

Wenn du dich bei Skype angemeldet hast, kannst du dich über den Button **Hinzufügen** unter **Meine Kontakte** auf die Suche nach Gesprächspartnern machen. Oder du fügst so genannte SkypeOut-Kontakte hinzu. SkypeOut-Kontakte rufst du über ihre Telefonnummer an – was allerdings auch Geld kostet. Die Kosten dafür kannst du über den Button **Mein Konto** verwalten.

2. Aufnahmeprogramm starten

PrettyMay klinkt sich ganz automatisch bei Skype ein – und du brauchst selbst nichts mehr zu tun. Audio Hijack Pro erlaubt es dir, über Skype hinaus auch noch Mitschnitte von anderen Audioquellen wie iTunes oder QuickTime anzufertigen. Deshalb musst du vorher noch Skype aus der Liste der verfügbaren Audioquellen auswählen. Mit einem Klick auf den Button **Record** geht es los.

Kapitel 4 – *Podcasts produzieren: Aufnahme*

Telefonat mit einem einzelnen Teilnehmer

3. Telefonat starten

Durch einen Klick auf das grüne Telefonhörer-Symbol beginnst du dein Gespräch, den so genannten

Speichern des Skype-Calls

Skype-Call. Über **Anrufer hinzufügen** kannst du sogar komplette Telefonkonferenzen mit mehreren Teilnehmern aufzeichnen. Wenn du das Interview beendet hast, legst du mit einem Klick auf das rote Symbol wieder auf.

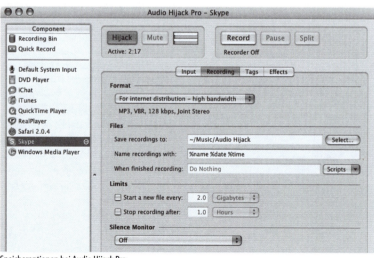

Speicheroptionen bei Audio Hijack Pro

4. Aufnahme starten/beenden

Wenn du deinen Skype-Call beginnst, fragt dich PrettyMay automatisch, ob du ihn aufnehmen möchtest. Du kannst die Aufnahme mit einen Klick über **Start Record** aber auch per Hand starten. Hast du das Interview beendet, landet die Aufnahme automatisch unter **Call Record**. Mit einem Rechtsklick kannst du die gewünschte Aufnahme über **Save as** als MP3-Datei auf deiner Festplatte speichern.

Audio Hijack Pro speichert deine Aufnahme automatisch, sobald du wieder auf **Record** klickst, um sie zu beenden. Alle Aufnahmen landen als MP3-Dateien in dem Ordner, den du unter **Save recordings to** ausgewählt hast.

War die Aufnahme gut?

Sei nicht zu selbstkritisch! Dass man sich räuspert, ist völlig normal, dass das ein oder andere Ähh dabei ist, genauso. Bevor du deine Aufnahme also in die Tonne haust, frage dich erst einmal: War das natürlich? War das ich? Würde ich so im wahren Leben auch mit meinen Freunden sprechen? Dann nämlich ist die Aufnahme meistens völlig in Ordnung. Oder waren es dann doch tatsächlich so viele Ähhs, dass es wieder unnatürlich klingt? Klingt die Aufnahme lebendig oder so, als wäre es dir peinlich gewesen, in ein Mikrofon zu sprechen?

Du wirst dir nach den ersten Gehversuchen viele dieser Fragen stellen. Der gesunde Menschenverstand entscheidet, und wenn du es nicht abgrundtief furchtbar findest: Lass die Hörer entscheiden! Und das Beste: Viele Hörer mögen es, wenn mal was schief geht. Wenn es natürlich ist. Wenn eben nicht immer alles 100%ig ist. Denn genau das macht dich authentisch, genau das macht das Podcasten ja so großartig.

Deine Aufnahmen zu bewerten ist nicht einfach. Objektive Kriterien gibt es nur bei der Tonqualität, und der gesunde Menschenverstand sind in diesem Fall zwei einigermaßen gesunde Ohren. Mit ihnen hast du das schnell im Blick: War die Aufnahme nicht zu laut, aber auch nicht zu leise? Ist sie irgendwo übersteuert? Rauscht es im Hintergrund? Sind die Lautstärkenunterschiede zwischen den einzelnen Elementen zu krass? Warst du nah genug am Mikro, aber auch nicht zu nah? Hört man Hall rund um dich herum, weil die Wände deine Stimme zu stark reflektieren? Einmal nachhören reicht völlig aus, um zu merken, ob es vielleicht irgendwo noch hakt.

Material schneiden

Wenn du alle deine Aufnahmen fertig und gespeichert hast, geht es ans Schneiden. Mit Audacity ist das eine Angelegenheit, die schnell erledigt ist, wenn du nicht gerade extrem akribisch ans Werk gehst. Wir werden dir in den folgenden Schritten zeigen, wie du erst die einzelnen Aufnahmen schneidest, diese vom Sound her aufpeppst, anschließend mit mehreren Tonspuren übereinander legst und dann das komplette Werk als MP3-Datei abspeicherst – als fertige Podcast-Episode.

Material schneiden: Schritt für Schritt

Du hast alle Aufnahmen parat? Dann öffne Audacity, und bevor du loslegst, wähle den Punkt **Projekt speichern unter ...** im Menü **Datei**. Du kannst deine Arbeit so auch unterbrechen, indem du einfach das komplette Schnittprojekt speicherst. Die Originale der Audiodateien, die du benutzt, bleiben erhalten, und alle deine Änderungen werden in einer Projektdatei gespeichert und gehen so nicht verloren.

1. Elemente öffnen

Du kannst Aufnahmen, die du gerade gemacht hast, direkt in Audacity bearbeiten, du kannst aber auch alle anderen möglichen Sounddateien mit den Endungen .mp3, .wav, .ogg, .aif, .au oder .snd öffnen. Ziehe sie dazu einfach mit der Maus ins Audacity-Fenster. Du kannst auch eine Datei mehrmals hereinziehen. Damit hast du sie in Audacity auf mehreren Tonspuren liegen.

2. Elemente schneiden

Der Schnitt mit Audacity ist extrem intuitiv. Du markierst einfach einen gewünschten Bereich, den du wegschneiden willst, und drückst auf [Entf]. Mit anderen Worten: Du benutzt Audacity so, wie du Word benutzen würdest, um in einem normalen Text einen Absatz zu entfernen. Hast du einen Schnittbereich gewählt, kannst du ihn nachträglich noch vergrößern oder verkleinern, indem du mit der Maus an den linken oder rechten Rand fährst. Der Mauszeiger verwandelt sich dann in eine Hand, und du kannst die Schnittgrenze hin- und herziehen.

Beim Schneiden: Übertreib es nicht! Wirklich alle Atem- und Räuspergeräusche rauszuschneiden, ist extrem unsinnig, denn die Aufnahme klingt danach nicht mehr natürlich. Schnitte funktionieren außerdem am besten, wenn du sie vor harten Konsonanten ansetzt (p, b, t, d, g). Willst du ganze Sätze schneiden, hilft es oft, wenn du vom Ende eines Luftholens bis zum Ende des nächsten Luftholens schneidest. Schnitte vor dem Luftholen gehen meist daneben.

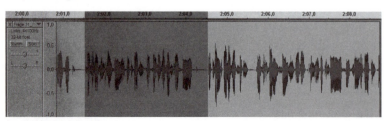

Ausgewählter Schnittbereich

Kapitel 4 – *Podcasts produzieren: Aufnahme*

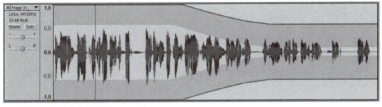

Lautstärke ändern mit dem Hüllkurvenwerkzeug

Du siehst dort die MP3-Datei unserer Episode „Wie funktioniert Audacity?" aus dem Podcast „150 Fragen in Sachen Podcasts". Dargestellt ist der Satz: „Audacity gibt es für Windows, für Mac und so weiter und so fort."

3. Lautstärke ändern

Oben links in Audacity kannst du dir ein Werkzeug aussuchen, um eine Tonspur zu bearbeiten. Gerade eben haben wir mit dem Auswahlwerkzeug gearbeitet; jetzt nutzen wir das Hüllkurvenwerkzeug, das du direkt rechts daneben findest. Wenn du damit über eine Tonspur fährst, kannst du durch einen Mausklick einzelne Lautstärkenpunkte ablegen und diese dann hoch- und herunterziehen, um an der gewünschten Stelle die Lautstärke zu ändern. So kannst du auch einzelne Ausreißer bei der Lautstärke schnell und einfach ändern.

4. Effekte benutzen

Für deine Tonspur kannst du auch verschiedene Effekte benutzen. Wähle dazu mit dem Auswahlwerkzeug einen bestimmten Bereich aus, und klicke auf das

Effekteinstellung für die Änderung der Geschwindigkeit mit Funktion zum Probehören

Menü **Effekt**. Hier gibt es eine große Auswahl möglicher Effekte: Du kannst der Aufnahme ein Echo hinzufügen, den Bass verstärken, die Geschwindigkeit oder die Tonhöhe ändern oder die gesamte Aufnahme rückwärts ablaufen lassen. Unmengen weiterer Effekte

Aufnahme mit Muster für den Rauschfilter

kannst du dir außerdem im Netz herunterladen. Links dazu findest du unter **Download/Plug-ins** auf der Audacity-Homepage (‹**audacity.de**›). Alle Effekte solltest du natürlich nur dosiert einsetzen. Sonst wird es schnell zu viel.

5. Klang verbessern

Das Effekt-Menü bietet dir auch einige gute Möglichkeiten, den Klang zu verbessern. Rauscht es bei dir zum Beispiel regelmäßig in den Aufnahmen, bietet sich die Rauschentfernung an. Nimm einfach immer ein bisschen Stille mit auf. Wenn du diese markierst, merkt der Rauschentferner sich das Muster dieses Rauschens und kann einen Teil davon aus der kompletten Aufnahme herausfiltern. Du solltest allerdings am Anfang etwas herumprobieren, bevor du diesen Filter benutzt, denn du kannst den Klang deiner Aufnahme so auch verschlechtern!

Das gilt genauso für den Klick- und Pop-Filter. **Klicks** und **Pops** kommen durch harte Konsonanten wie **k** oder **p** zustande, und auch sie klingen nicht gut. Verhindern kannst du solche Laute mit einem guten Poppschutz wie in Kapitel 3 beschrieben. Mit etwas Übung kann dir aber auch dieser Filter einen Teil dieser Laute wieder aus deiner Aufnahme entfernen.

6. Kompressor einsetzen und Tonspur normalisieren

Weiter oben in diesem Kapitel haben wir dir ja schon eine Vorwarnung gegeben, was die Lautstärke in deinen Aufnahmen angeht. Vor allem, wenn du später mehrere Audioelemente mit Audacity zu einer Podcast-Episode zusammenschneiden möchtest, kann es dir passieren, dass alle eine unterschiedliche Lautstärke haben. Deshalb solltest du alle Tonspuren auf einen Level bringen, bevor du sie mischst. Dafür bietet sich der Kompressor an, den du im Menü Effekt findest. Dieses Tool macht die lauten Stellen deiner Aufnahme leiser – er komprimiert sie sozusagen.

Routine ist alles; deshalb solltest du dich einmal ausgiebig mit dem Kompressor beschäftigen. Die wichtigste Einstellung für dich ist das **Kompressionsverhältnis**. Fang am besten mit einem Wert zwischen 4 zu 1 und 5 zu 1 an, und probiere dann weiter aus. Allerdings: Es ist nicht einer der wirklich guten Kompressoren, den Audacity da mitbringt. Wenn du im

Tonspur mit starken Lautstärkeunterschieden

Internet etwas auf die Suche gehst, kannst du einige Kompressor-Plugins finden, die wesentlich besser arbeiten.

Hast du deine Tonspur komprimiert, solltest du sie normalisieren. Das bedeutet: Du legst die Lautstärke fest, die die lauteste Stelle deiner Aufnahme haben soll. Du kannst so zum Beispiel alle einzelnen Audioelemente, die du für deinen Podcast benutzen möchtest, auf maximal −3 dB festsetzen, und schon sind die starken Lautstärkeunterschiede verschwunden, die du vorher vielleicht hattest.

7. Podcast mischen

Hast du alle Audioelemente vorbereitet, kannst du sie dir als Tonspuren zurechtlegen. Jedes Audioelement erhält eine Tonspur; Stereospuren kannst du aufteilen und danach als Einzelspuren benutzen. Monospuren kannst du auf dem linken, dem rechten oder auf beiden Kanälen abspielen. All das lässt sich über das Einstellungsmenü links von der jeweiligen Tonspur regeln.

Mit dem Zeitverschiebungswerkzeug kannst du die einzelnen Audioelemente in deinem Projekt nun hin- und herschieben und ineinander mischen. Dabei solltest du darauf achten, dass der Inhalt einer einzelnen Tonspur noch zu verstehen ist. Wenn du Sprache mit Musik unterlegst, ist das oft nicht mehr der Fall, weil die Musik oft viel zu schnell viel zu laut wird.

Das Menü **Projekt** bietet dir noch einige Möglichkeiten, eine markierte Tonspur punktgenau auszurichten, und über das Menü **Bearbeiten** kannst du markierte Tonspuren verdoppeln oder den markierten Teil einer einzelnen Tonspur in eine neue verschieben.

8. MP3-Datei speichern

Du bist fertig? Wähle einfach den Punkt **Exportieren als MP3 ...** im Menü **Datei**, speichere dein Werk auf deine Festplatte, und fertig ist die neue Podcast-Episode!

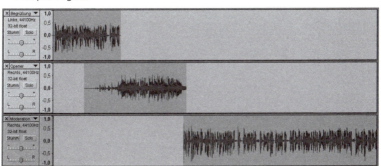

Begrüßung auf Tonspur 1, Opener auf Tonspur 2, Moderation auf Tonspur 3

LAME-Encoder installieren

Damit du mit Audacity MP3-Dateien nicht nur öffnen, sondern auch speichern kannst, brauchst du den LAME-Encoder. Solltest du diesen nicht installiert haben, gibt Audacity dir eine Fehlermeldung aus und bittet dich, den Encoder aus dem Netz herunterzuladen. Den LAME-Encoder bekommst du kostenlos zum Download unter ⊃ **lame.source forge.net**. Auch das Programm mp3-DirectCut, auf das wir weiter unten noch eingehen, benötigt diese Erweiterung, um MP3-Dateien speichern zu können.

Wie lang darf eine Podcast-Episode sein?

Es gibt keine feste Regel, aber schon ein paar Erfahrungswerte dafür, wie lang die einzelnen Episoden deines Podcasts sein sollten. Bringst du täglich eine neue Episode heraus, solltest du dich an die Fünf-Minuten-Schallgrenze halten. Wenn du nur einmal wöchentlich podcastest, sind 30 Minuten ein guter Wert. Wird es länger, wird es schwieriger. Viele hören Podcasts ja unterwegs, zum Beispiel auf dem Weg zur Uni oder zur Arbeit. Durchschnittlich dauert dieser Weg etwa eine halbe Stunde. Dass 30 Minuten Podcast am Tag schwierig sind, ist auch klar, wenn du dir vorstellst, dass die Leute ja meistens auch mehrere Podcasts hören, und nicht nur deinen. So abgedroschen dieser furchtbare Satz ist: In der Kürze liegt die Würze!

Nachschneiden mit mp3-DirectCut

Manchmal passiert es, dass du deine Podcast-Episode komplett aufgenommen und als MP3-Datei vorliegen hast, dann aber erst merkst, dass etwas nicht stimmt. Riesige MP3-Dateien aufwendig zurück in deinen Soundeditor zu laden ist mitunter etwas umständlich. Als kleines Tool für die tägliche Arbeit können wir dir das Freeware-Programm mp3DirectCut empfehlen (⊃ **mpesch3.de1.cc**). Mit diesem Windows-Programm kannst du selbst noch so große MP3-Dateien schnell laden und – das ist das Besondere – ohne Qualitätsverlust bearbeiten und wieder speichern.

Nachschneiden mit mp3DirectCut

Du musst dich bei mp3DirectCut zwar ein bisschen einarbeiten, danach möchtest du dieses kleine Helferlein aber sicher nicht mehr missen.

1. Datei laden
MP3-Dateien ziehst du einfach aus dem Dateiordner in das Bearbeitungsfeld von mp3DirectCut. Das Programm öffnet die MP3-Datei rasend schnell; selbst, um eine über zwei Stunden lange Audiodatei zu öffnen, die mehr als 60 MB groß ist, benötigt mp3DirectCut nur wenige Sekundenbruchteile.

2. MP3-Datei anhören
Durch die MP3-Datei klickst du dich über den Scrollbalken unter

Kapitel 4 – *Podcasts produzieren: Aufnahme*

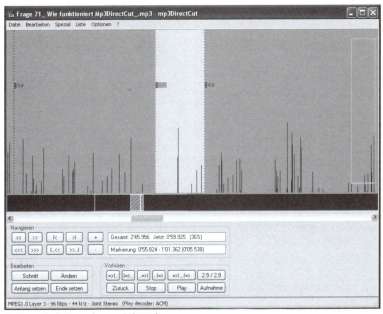

Markierter Abschnitt zwischen zwei Indexmarken

dem Bearbeitungsfeld. **Navigation** bietet dir die Möglichkeit, auch zwischen so genannten Indexmarken hin- und herzuspringen, und über die Buttons im Feld **Vorhören** kannst du jede beliebige Stelle der Datei anhören. Gewöhnungsbedürftig ist die Steuerung, an welcher Stelle der Datei du dich gerade befindest – das ist nämlich immer in der Mitte der aktuellen Anzeige, also dort, wo sich der gelb gestrichelte Faden befindet.

3. Indexmarken setzen

Die MP3-Datei kannst du nun mit Indexmarken in verschiedene Abschnitte unterteilen. Eine Indexmarke wird durch eine gestrichelte rote Linie dargestellt. Du setzt sie, indem du die blaue Linie durch einen Mausklick an eine gewünschte Stelle setzt und auf den Button **Schnitt** klickst. Einzelne Abschnitte kannst du über das Menü **Bearbeiten** markieren und sie dann zum Beispiel entfernen oder lauter und leiser machen.

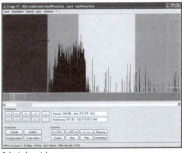

Schnittbereich

4. Schnittmarken setzen

Schnittmarken setzt du, indem du mit der Maus einen Bereich auswählst. Willst du noch genauer vorgehen, benutzt du am besten die Buttons **Anfang setzen** und **Ende setzen**. Die Schnittmarken werden dann immer auf Höhe der gestrichelten, gelben Abspiellinie gesetzt.

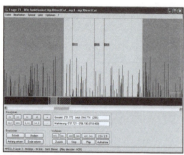

Schnitt über mehrere Indexmarken hinweg

5. Vorhören

Die Buttons im Feld **Vorhören** sind extrem wichtig, vor allem der, der sich über dem Button **Play** befindet. Hast du einen Schnittbereich ausgewählt und klickst auf diesen Button, hörst du, wie sich deine Aufnahme nach dem Schnitt anhören wird.

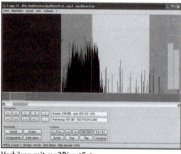

Vorhören mit mp3DirectCut

6. Schneiden

Hast du dich für einen Schnittbereich entschieden, löschst du ihn, indem du auf der Tastatur auf [Entf] drückst oder mit der Maus auf den Button **Schnitt** klickst. Wenn du dir unsicher bist und lieber noch mal neu ansetzen möchtest, klick einfach auf **Ändern**, und der Schnittbereich wird wieder gelöscht. Schneidest du über Indexmarken hinweg, die du vorher gesetzt hast, werden diese natürlich auch gelöscht.

Vorsicht beim Schneiden: Du befindest dich direkt in der MP3-Datei. Es gibt keine Funktion, um den Schnitt rückgängig zu machen. Wenn du etwas weggehauen hast, was du gar nicht löschen wolltest, musst du mp3DirectCut schließen und wieder öffnen. In dem Fall musst du aber die ganzen gelungenen Schnitte, die du vorher angefertigt hast, noch einmal machen. Gewöhne dir lieber an, eine

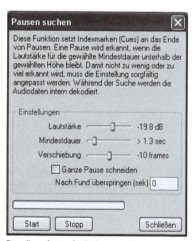

Einstellungsfenster für die Pausensuche

Sicherungskopie der MP3-Datei anzulegen, bevor du sie mit mp3DirectCut bearbeitest.

7. Pausen entfernen

Wenn du eine Aufnahme gemacht hast, in der es viele unnötige Pausen gibt, die du so nicht haben möchtest, musst du dir mit mp3DirectCut nicht die Mühe machen und jede einzelne Pause per Hand suchen. Über den Menüpunkt **Pausen suchen** unter **Bearbeiten** kannst du das automatisiert regeln. Du musst dafür aber schon sehr genau die Einstellungen vornehmen. Das erfordert Übung!

8. Lautstärke ändern

Für einzelne Abschnitte kannst du die Lautstärke ändern, den so genannten Pegel. Dazu ziehst du mit der Maus den kleinen Kasten mit der Beschriftung **0,0** an einer Indexmarke nach oben oder unten. Dadurch werden die Abschnitte um die Indexmarke herum lauter oder leiser.

Willst du einen Bereich lauter oder leiser machen, der nicht

Pegel normalisieren

durch Indexmarken abgetrennt ist, markierst du diesen einfach und wählst dann den Menüpunkt **Pegel** unter **Bearbeiten**.

Ein letzter Tipp in Sachen Lautstärke: Über den Menüpunkt **Pegel normalisieren** stellst du den gesamten aktuellen Abschnitt zwischen zwei Indexmarken auf die optimale Lautstärke ein, sodass er an keiner Stelle übersteuert ist.

9. ID3-Tags festlegen

Wir werden später in diesem Kapitel noch beschreiben, wie wichtig die ID3-Daten sind. Das sind Zusatzinformationen, die in der

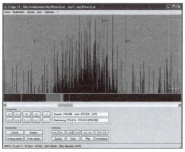

Lautstärkeänderung

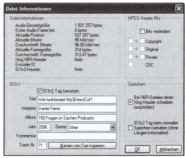

Festlegen der Dateiinformationen

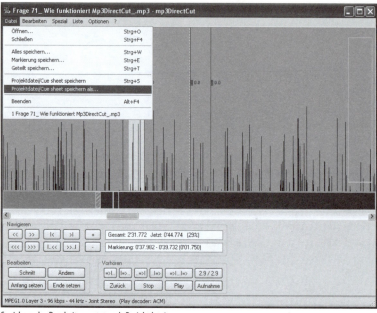

Speichern des Bearbeitungsstatus als Projektdatei

MP3-Datei enthalten sind. Wenn du den Punkt **ID3 Tag und Datei-Info** im Menü **Bearbeiten** wählst, kannst du auch mit mp3DirectCut schnell und einfach die ID3-Daten für deine MP3-Datei festlegen.

10. Bearbeitung speichern

Wenn du mit dem Bearbeiten der MP3-Datei noch nicht fertig bist, kannst du eine so genannte Projektdatei speichern. Diese kannst du später wieder öffnen und deinen Schnitt so einfach fortsetzen. Bist du mit deiner Arbeit fertig, kannst du wählen, ob du die komplette MP3-Datei speichern möchtest, nur einen ausgewählten Schnittbereich, oder alle Abschnitte einzeln, die durch Indexmarken voneinander getrennt sind.

Audio- und Videoformate

Jetzt kommt es auf das richtige Dateiformat an. In welchem stellst du am besten deinen Podcast zur Verfügung? Je nachdem, welches Format du wählst, lässt sich der Podcast nur in bestimmten Programmen abspielen, hat eine bestimmte Größe, oder ist noch durch Bilder und Links ergänzbar. Der Podcatcher iTunes unterstützt die Dateiformate M4A, MP3, MOV, MP4, M4V, und PDF. Das PDF-Format lassen wir in diesem Abschnitt außen vor, da es sich hierbei um eines für Textdokumente handelt.

In der Aufzählung sticht das Format MP3 hervor, oder wie es komplett ausgeschrieben heißt: MPEG-1 Audio

Layer 3. Ursprünglich ist es durch Techniker am deutschen Fraunhofer-Institut für das Digitalradio entwickelt worden – bekannt aber wurde es, weil immer mehr Menschen im Netz Musik tauschten, die sie vorher ins MP3-Format komprimierten. Dieser Tausch von MP3-Dateien hat seit 1995 den Umgang mit Musik maßgeblich verändert. Viele Plattenfirmen haben versucht, gerichtlich gegen den Musiktausch anzugehen, da sie das eigene Musikgeschäft vor dem Ende sahen. Trotzdem blieb das MP3-Dateiformat bis heute erfolgreich, auch wenn Online-Musikanbieter auf andere Audioformate setzen, die ein Rechtesystem unterstützen, das die unkontrollierte Weitergabe der Musikdateien verhindert.

Das MP3-Format ist vor allem so erfolgreich, weil die extrem großen Musikdateien mit kaum hörbaren Qualitätsverlusten in kleine Dateien komprimiert werden können. Es gibt die verschiedensten Programme zum Umwandeln in das MP3-Format.

Die Endungen .mp4, .m4a und .m4v stehen für das MPEG-4-Format, das auf dem QuickTime-System von Apple basiert. Neben den Audio- und Videospuren kann dieses Format auch Grafiken und weitere Informationen abspeichern. .mp4 ist die offizielle Dateiendung, während .m4a für Audiodateien benutzt wird und .m4v sowie .mp4v für Videodateien.

Im iTunes-Store wirst du auch auf .m4p-Endungen stoßen. Hierbei handelt es sich nicht um einen Buchstabendreher, sondern um **protected files** – Dateien, die durch ein Rechtesystem vor unrechtmäßiger Weitergabe geschützt sind. iTunes setzt auf diese Formate, um neben der Musik noch weitere Multimediainhalte transportieren zu können – wie zum Beispiel das Albumcover – und damit die Werke nicht ungeschützt kopiert werden können.

Wenn du mit dem Mac produzierst und dich dafür entscheidest, deinen Podcast im QuickTime-Format zu veröffentlichen, erreichst du zwar eine bessere Qualität und kannst einen so genannten **Enhanced Podcast** anbieten, also Bilder und Kapitel einfügen, beschränkst deine Zuhörerschaft aber mit diesen Funktionalitäten auf iTunes und den iPod als portablen Player. Möchtest du, dass deine Hörer mit jedem Audioprogramm und MP3-Player deine Episoden hören, solltest du dich für das MP3-Format entscheiden. Möchtest du auf den **Enhanced Podcast** nicht verzichten, könntest du überlegen, ob es nicht ein lohnenswerter Aufwand ist, die Episode in zwei Versionen anzubieten: im MP3- und im QuickTime-Format – über zwei RSS-Feeds.

Die richtige Komprimierung

Wenn du eine MP3-Datei erstellst, kannst du wählen, wie stark du sie komprimieren möchtest. Eine gute Qualität erreichst du schon mit 128 KBit/s. Für einen vollen Hörgenuss solltest du jedoch 192 KBit/s wählen. Verzichtest du aber weitestgehend auf Musik, da dein Podcast fast nur aus Sprache besteht, lohnt es sich, stärker zu komprimieren. Selbst 96 KBit/s führen hier zu einer guten Klangqualität. Für Sprache reicht das völlig aus, denn es gilt die Faustregel: Je mehr Kilobits pro Sekunde du auswählst, desto größer ist am Ende die kodierte Datei. Du solltest also ein Mittelmaß aus Klangqualität und Dateigröße finden.

Die Audiodatei wird zum Podcast

Die fertige Audiodatei liegt nun auf deiner Festplatte. Du musst sie nur noch ins Internet laden und auf deiner Seite verlinken. Ganz fertig ist der Podcast damit leider noch nicht – das einfache Hochladen einer Multimedia-Datei macht schließlich noch keinen Podcast aus. Oft bezeichnen Web-Seiten die Verlinkung von Musik- oder Filmdateien als Podcast. Aber das ist nicht korrekt – erst die Kombination mit einem RSS-Feed macht die Audiodatei zum Podcast. Erst dann also, wenn die einzelnen Episoden abonnierbar sind, liegt ein Podcast vor. Wie du diesen RSS-Feed erstellst, liest du in Kapitel 5 (s. Seite 96).

Es gibt eine einfache Methode, um deinen Podcast-Episoden noch weitere Informationen mit auf den Weg zu geben. Du kannst sie mit so genannten ID3-Tags ausstatten. Hierbei handelt es sich um Text, den du an die MP3-Dateien anhängen kannst. Diese ID3-Tags sind eigentlich für Musikstücke ausgelegt: Titel, Künstler, Album, Titelnummer, Dateiformat, Veröffentlichungsjahr usw. Wenn du die Audiodatei mit einem gängigen Programm öffnest oder auf deinem MP3-Player abspielst, wird nicht nur der Dateiname angezeigt, sondern auch die Informationen aus den ID3-Tags. Du kannst das nutzen, um den Hörern weitergehende Informationen zu deiner Podcast-Episode mitzugeben.

Am einfachsten geht das mit iTunes: Öffne die Informationen zu deiner Audiodatei, indem du sie mit der rechten Maustaste auswählst. In der Registerkarte **Information** findest du alle ID3-Informationen. Du kannst sie direkt verändern und speichern. Oder du nutzt ein Programm wie mp3DirectCut, das wir in Kapitel 4 (s. Seite 74) beschreiben, bzw. das kostenlose ID3-TagIT (➲ **id3-tagit.de**) für Windows.

ID3-Bearbeitung in iTunes

Komplettproduktion mit GarageBand

Dieser Abschnitt ist exklusiv für Mac-Benutzer. Du erfährst, wie du mit dem Programm GarageBand die

Komplettproduktion eines Podcasts durchführen kannst. Eigentlich handelt es sich um eine Software, um Musik zu produzieren. Seit Version 3 gibt es allerdings auch einen Podcast-Bereich in GarageBand, in dem du von der Aufnahme bis zur Veröffentlichung alles erledigen kannst.

1. Neues Arrangement anlegen

Öffne GarageBand, und klicke auf **Neue Podcast-Episode**. Jetzt wirst du in dem Dialogfeld **Neues Projekt aus der Vorlage** aufgefordert, einen Namen für deine Episode einzugeben. Unter diesem Namen wird an dem Ort, den du ausgewählt hast, die Episode abgespeichert. Klicke auf den **Anlegen**-Button, um das Arrangement anzulegen. Jetzt wird das GarageBand-Fenster geöffnet, in dem die Spuren **Podcast-Track**, **Male Voice**, **Female Voice**, **Jingles** und **Radio Sounds** angezeigt werden.

2. Aufnehmen

Wähle eine der beiden Sprachspuren aus, indem du auf den ersten runden Button unter dem Spurnamen klickst. Dieser Button wird rot, sobald du die Spur ausgewählt hast. Klicke nun auf den **Aufnahme-starten**-Button und beginne, in dein Mikrofon zu sprechen. Mit dem **Zurückspul**-Button gelangst du wieder zum Start der Aufnahme. Während der Aufname wird der **Aufname-starten**- zum **Auf-**

Anlegen eines neuen Podcasts in GarageBand

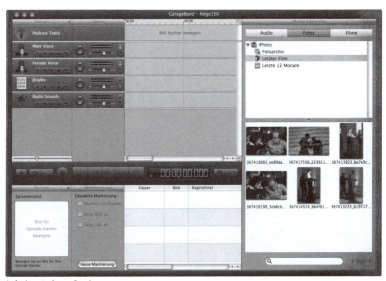
Aufnahme in GarageBand

Kapitel 4 – *Podcasts produzieren: Aufnahme*

nahme-stoppen-Button. Klicke auf ihn, wenn du fertig bist, und anschließend auf **Play**, um deine Aufnahme zu hören.

3. Lautstärke anpassen

Du hast verschiedene Möglichkeiten, die Lautstärke deiner Aufnahme anzupassen. Du kannst dir zum Beispiel für jede Spur eine Lautstärkekurve anzeigen lassen. Klicke dazu einfach auf den Button **Lautstärkekurve anzeigen** unter dem Namen der Spur. Es erscheint die Lautstärkekurve, die du mit der Maus anpassen kannst. So kannst du einzelne Bereiche der Spur lauter oder leiser einstellen. Die gesamte Lautstärke der Spur kannst du in der Spalte Mixer direkt verstellen.

GarageBand stellt außerdem eine praktische Ducking-Funktion zur Verfügung. Diese Funktion solltest du nutzen, wenn du Musik unter deine Sprachaufnahmen legst. GarageBand stellt dann automatisch die Musik leiser, wenn du sprichst; machst du eine Pause, wird sie wieder auf die normale Lautstärke angepasst. Um diese Funktion zu nutzen, wähle im Menü **Steuerung** den Unterpunkt **Ducking** aus. In jeder Spur gibt es einen Kontrollpfeil für das Ducking; wähle den Pfeil, der nach oben zeigt, für eine Sprachspur aus. Für die Musikspuren nimmst du den Pfeil nach unten, damit diese gleichzeitig leiser werden.

4. Interview aufzeichnen

Wenn du mit Anderen per iChat eine Audio- oder Videokonferenz führst, kannst du diese direkt in GarageBand aufnehmen. Diese Funktion eignet sich prima, um

Lautstärkekurve unter der Aufnahmespur

Kapitel 4 – Podcasts produzieren: Aufnahme

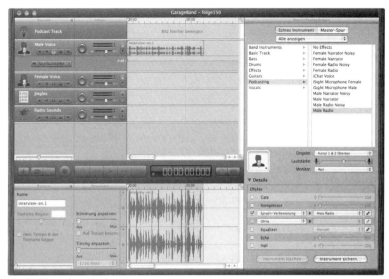

iChat-Funktion in GarageBand

ein Interview aufzuzeichnen. Jeder Teilnehmer erhält dann eine eigene Spur. Sobald alle Teilnehmer in iChat versammelt sind, brauchst du nur auf den **Aufnahme-starten**-Button zu klicken. Du wirst jetzt gefragt, ob du die Konferenzschaltung aufzeichnen möchtest. Denke daran, dass du deine Gesprächsteilnehmer auch hier

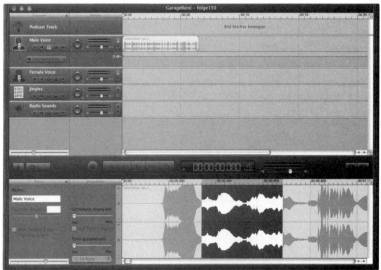

Schnittfunktion in GarageBand

darüber informieren musst, dass du sie aufzeichnest. Sonst darfst du das Gespräch nicht veröffentlichen. Wenn das Interview beendet ist, klicke erneut auf den **Aufnahme**-Button; die Aufnahme wird dann gestoppt.

GarageBand liefert auch Einstellungsmöglichkeiten mit, um die Sprachaufnahmen zu verbessern. So kannst du zum Beispiel ein Rauschen herausfiltern. Wenn du diese Einstellungen nutzen möchtest, wähle die gewünschte Spur aus, und klicke auf den **Info**-Button, auf das **Details**-Rechteck und dann auf den **Stift**-Button, um die Einstellungen für diese Spur zu verändern. Probiere an dieser Stelle etwas rum, bis die Sprachaufnahme so klingt, wie du sie haben möchtest. Etwas Übung ist gefragt!

5. Spur schneiden
Wenn du dich versprochen hast, brauchst du die Aufnahme nicht gleich wegzuwerfen. Mit einem Doppelklick auf eine Spur öffnet sich im unteren Teil von Garage-Band die Sprachaufnahme. Hier kannst du Versprecher markieren und durch die Entfernen-Taste löschen. Sind dir einige Pausen zu lang, kannst du sie ebenfalls entfernen.

6. Jingles und Effekte hinzufügen
GarageBand wird mit einer Vielzahl von Jingles und Geräuschen ausgeliefert. Diese kannst du nutzen, um aus deinem Podcast eine richtige Show zu machen. Zu Beginn und zum Ende kannst du Opener setzen oder so genannte **Bumper** auswählen, wenn du einen Trenner für verschiedene

Loop-Browser in GarageBand

Kapitel 4 – *Podcasts produzieren: Aufnahme*

Bild hinzufügen

Themen benötigst. Klicke auf den **Loop-Browser**-Button, und es wird ein Verzeichnis mit allen Sounds angezeigt. Wühle einfach etwas in diesem Verzeichnis, bis du die Sounds gefunden hast, die dir gefallen. Mit deiner Maus kannst du sie an eine beliebige Stelle einer beliebigen Spur ziehen. Dort werden die Sounds dann direkt eingebunden.

Du kannst auch Sounds einfügen, die du vorher schon in GarageBand oder mit einem anderen Programm aufgezeichnet hast. Wähle dazu im Menü **Steuerung** den Unterpunkt **Medienübersicht einblenden**. Hier kannst du deine Audio-, Foto- und Filmdateien auswählen und per Maus direkt auf den Spuren platzieren. Um den Übergang zwischen zwei Musikstücken möglichst fließend zu gestalten, solltest du die Lautstärke anpassen: Blende mit den Lautstärkekurven das eine Lied aus, während du das andere einblendest.

7. Bilder hinzufügen

Du kannst deine Podcast-Episode in GarageBand aufwerten, indem du sie mit Bildern, Texten und Links ergänzt. Du kannst jeder Episode ein festes Bild zu ordnen. Wähle dazu ein Bild in deiner Medienübersicht aus, und ziehe es auf die Spur **Podcast Track**.

Behandelst du mehrere Themen, kannst du aus der Episode auch einen **Enhanced Podcast** erstellen, der dann in Kapitel unterteilt ist. Wähle hierzu den **Podcast Track**, setze den roten Marker an die Position in der Spur, an der du ein neues Kapitel beginnen möchtest, und klicke auf den **Marker-hinzufügen**-Button. Jetzt wird in der **Podcast-Track**-Spur das neue Kapitel angezeigt. Aus deiner Medienübersicht kannst du nun ein Foto auf das Kapitel ziehen. Wenn du einen Link auf eine Seite setzen möchtest, kannst du die URL und die URL-Beschreibung für den Marker eingeben. Die Bilder werden jetzt passend zu sehen sein, wenn sich deine Hörer die Episode auf dem iPod anhören oder in iTunes öffnen.

8. Podcast exportieren

Du hast alles fertig gemischt? Die Aufnahmen sind fertig, die Fehler weggeschnitten, die Lautstärken verändert, Jingles und Musik hinzugefügt? Du hast nun drei Möglichkeiten, deine Podcast-Episode zu veröffentlichen: Im Menüpunkt **Bereitstellen** kannst du dir aussuchen, ob du die Episode direkt an iTunes schicken, per iWeb veröffentlichen oder auf deiner Festplatte speichern möchtest. Wenn du die Episode gleich hören und testen möchtest, wähle iTunes aus. GarageBand braucht nun einen kleinen Moment, um die Episode abzumischen. In iTunes kannst du dir deine neue Episode direkt anhören und auch hier ins MP3-Format umwandeln.

So machen es bekannte Podcaster

Im Podcast **150 Fragen in Sachen Podcasts** (➲ **podcasting.fm**) haben wir uns umgehört. Wir haben bekannte Podcaster gefragt, wie sie podcasten. Welche Geräte nutzen sie? Mit welcher Software werden die Aufnahmen geschnitten? Wie werden die fertigen Audiodateien im Internet veröffentlicht? Bei jedem Interview gab es verschiedene Antworten – jeder Podcaster hat seine eigene Konfiguration, seine eigenen Erfahrungen gemacht, und jeder empfiehlt etwas anderes.

Couchpotatoes

Für die Couchpotatoes (➲ **couchpotato.es**) gehört ihr Sofa zu (fast) jeder Episode. Das kam vor vielen Jahren aus Spanien, und nach zwölf Jahren haben Oliver und Andreas es mit neuem Leinenstoff überzogen. Zurzeit ist das Sofa orangefarben mit blauen Streifen – sehr poppig also. Wenn die Couchpotatoes nicht unterwegs sind, ist das Sofa sehr wichtig für sie. Das hat etwas mit Wohlfühlen zu tun: Du kannst viel entspannter podcasten, wenn du dich in einer Umgebung befindest, in der du frei agieren kannst. Fühlst du dich nicht wohl, wirkt sich das auch auf deine Art zu sprechen aus.

Am Anfang haben Oliver und Andreas ihre Podcasts mit der iSight-Kamera aufgenommen, einer Webcam mit integriertem Mikrofon von Apple. Nach einigen Episoden aber haben sie sich professionelles Equipment zugelegt: ein kleines Mischpult und zwei Mikrofone, die mit einem Apple-Powerbook verbunden sind. Rund 100 Euro haben Andreas und Oliver pro Mikrofon und 40 Euro in die Kabel investiert.

Diese Konfiguration eignet sich aber wenig, wenn die Jungs unterwegs in einem Café eine Episode aufnehmen wollen. Da fangen sie schon einmal irritierte Blicke der Leute ein, wenn sie ihre Stative auspacken. Deswegen haben sie sich noch das mobile Aufnahmegerät Edirol R9 von Roland gekauft. Sie haben sich für dieses Gerät entschieden, weil es zwei kleine Kondensatormikros eingebaut hat und über eine 1-GB-Speicherkarte verfügt.

Am Computer werden die Folgen der Couchpotatoes mit GarageBand produziert. Andreas und Oliver haben sich ein eigenes Setting angelegt – sie nutzen nicht das Podcast-Studio, sondern zwei Spuren, in denen sie nach der Aufnahme die Sprache mit der Musik mischen.

Annik Rubens produziert ihren Podcast **Schlaflos in München** (➲ schlaflosinmuenchen.com) live on tape: Sie mischt Sprache und Musik schon während der Aufnahme. Dazu hat sie einen Computer, von dem sie einzelne Sounds abspielt. Diese Sounds gehen in das Mischpult, an das auch ihr Mikrofon angeschlossen ist.

Annik Rubens (Foto: Sebastian Widmann)

Zuerst hatte Annik mit dieser Konfiguration die gesamte Show auf ihrem MiniDisc-Rekorder aufgezeichnet. Das hatte aber den Nachteil, dass sie die Aufnahmen danach wieder 1-zu-1 in den Computer überspielen musste; wenn eine Episode 20 Minuten dauerte, brauchte sie auch so lange, um die Datei zu überspielen. Jetzt nutzt Annik einen MP3-Player, um nach der Aufnahme direkt eine Datei zu haben, die sie nur noch auf den Rechner kopieren muss – das spart Zeit. Mittlerweile hat Annik schon sieben oder acht kleinere oder größere Umbauten an ihrem Podcast-Set hinter sich – ihr selbst ist das zu viel. Deswegen ist ihre Lektion: Nicht zu perfektionistisch sein, nicht zu sehr auf die Technik, sondern auf die Inhalte konzentrieren.

Für Ingo Schmoll von **Radio brennt!** (➲ **radiobrennt.com**) ist Perfektion in Sachen Audiotechnik die Kür. Seinen Podcast produziert er zusammen mit Nicole Brinkmann und Raimund Fichtenberger unter dem Dach seines Hauses. Dort verbirgt sich ein richtiges Radiostudio – Ingo kann sich mit anderen Studios zusammenschalten, hat große und teure Mikros und mehr.

Ingo Schmoll (Foto: Anna-Maria Mohr)

Für **Radio brennt!** nutzt Ingo nicht seine kompletten Studiofeatures. Trotzdem ist die Produktion vergleichsweise aufwendig: Jeder der drei hat sein eigenes Mikrofon und seinen eigenen Kopfhörer. Die drei Mikrofone sind mit einem Mischpult verkabelt, und das Signal wird dann in einem Mac verarbeitet. Dort nimmt Ingo den Sound mit der professionellen Software LogicAudio auf. Er nutzt in diesem Programm einen speziellen Limiter-Effekt, um einen satteren Klang zu bekommen.

Ingo empfiehlt außerdem, den Aufnahmeraum gut zu dämmen. Außerdem sollten sich die Mikrofone in ihrem Aufnahmebereich nicht überschneiden. In der Produktion sieht Ingo übrigens auch gar keine Unterschiede zum Radio. **Radio brennt!** ist nur eher aufs Wort und nicht auf die Musik ausgerichtet: Der Podcast liefert 30 Minuten Talk-Radio pro Woche – so wie es das auf keinem „echten" Sender zu hören gibt.

Die Juristin Laura Dierking produziert den J!Cast (➲ **jcast.podhost.de**), seitdem sie sich am Institut für Informations-, Telekommunikations- und Medienrecht der Uni Münster für ihre Doktorarbeit mit dem Thema Podcast beschäftigt hat. In ihrem Podcast werden juristische Themen spannend aufbereitet: Laura und ihre Kollegen nehmen die deutsche Rechtsprechung auseinander.

Angefangen hat Laura mit einem Diktierheadset ihres Professors. Doch die Qualität ließ stark zu wünschen übrig, und deshalb nutzt Laura nun ein Mischpult, an das sie zwei Kondensatormikrofone anschließen kann. Das Mischpult wiederum schließt sie über eine externe Soundkarte an ihr Notebook an. Interne Soundkarten verkraften die Aufnahmen schlecht, weil sie dazu nicht gebaut worden sind. Kleine, externe Soundkarten sind nicht teuer, haben dagegen aber eine gute Qualität, die sich gut zum Podcasten eignet.

Am Computer schneidet Laura ihre Podcast-Episoden mit dem kostenlosen Programm Audacity. Sie hat sich schnell in das Schnittsystem eingefunden und auch einen Spezialtipp für das Mikrofon parat: Wenn du Ploppgeräusche herausfiltern willst, kannst du dir den so genannten

Poppschutz selbst basteln. Die Anleitung dazu findest du in Kapitel 3 (s. Seite 49).

Video-Podcasts

Wo die Bandbreiten fetter werden und die technischen Möglichkeiten besser, da breiten sich zurzeit natürlich auch die Video-Podcasts weiter und weiter aus. Wir beschäftigen uns in diesem Buch eigentlich nur ausführlich mit Audio-Podcasts, möchten aber doch einen kurzen Exkurs wagen. Die Technik hinter Video-Podcasts unterscheidet sich im Grundsatz nicht von der hinter den Audio-Podcasts: Du veröffentlichst die einzelnen Episoden mithilfe einer RSS-Datei, und die Leute empfangen deine Video-Podcasts über ihren Podcatcher und können sie dann an ihrem Computer oder ihrem Video-iPod anschauen.

Einen Video-Podcast zu erstellen ist natürlich die andere Sache. Du kannst dafür mittlerweile aus einem riesigen Pool möglicher Aufnahmegeräte wählen. Vielleicht möchtest du dein Handy nutzen? Vielleicht deine Digitalkamera? Die ins Laptop eingebaute Webcam? Oder doch eine richtige Videokamera? Das ist die erste große Frage, die du dir beantworten musst. Natürlich musst du dafür wissen, was du möchtest. Soll dein Video-Podcast professionell wirken, führt kein Weg um die große Kamera herum. Kann er auch von trashigen Momenten leben, ist vielleicht sogar dein Handy die richtige Wahl.

Hast du die Aufnahme fertig, musst du das Signal in deinen Computer einspeisen. Das passende Schnittprogramm ist die nächste schwierige Auswahl, denn von Freeware wie VirtualDub (↪ **virtualdub.org**) für Windows über einfache Schnittprogramme des Betriebssystems wie dem Windows Movie Maker iMovie HD für den Mac bis zu professioneller Software ist auch hier Auswahl wie Sand am Meer. Wir raten dir, mit der einfachsten Software zu beginnen, um dich erst einmal langsam einzufinden.

Problem Nummer drei: das Dateiformat! Mit der Zeit hat sich noch kein Standard durchgesetzt, sodass Mac-User sehr häufig auf MPEG4 zurückgreifen und Windows-Nutzer auf das WMV-Format. MPEG4 ist allerdings das empfehlenswertere Format, weil der größte Teil des Podcast-Geschehens heutzutage in iTunes stattfindet, und MPEG4 im Gegensatz zu Microsofts WMV-Format ein offener Standard ist. Fürs Umwandeln ins MPEG4-Format eignet sich übrigens sehr gut QuickTime Pro (↪ **apple.com/de/quicktime/pro**) von Apple, das mit 30 Euro auch nicht zu teuer ist.

Eine kleine Einführung ins Produzieren von Video-Podcasts mit allen Stolpersteinen, was das Formatwirrwarr, die Bildabmessung, die Bitrate und mehr angeht, gibt es auf der Seite ↪ **wiki.podcast.de** unter dem Punkt **Produzieren**.

5 Podcasts produzieren: Veröffentlichung

Wir sind fast am Ziel! Bei dir auf der Festplatte liegt jetzt eine fertig produzierte Podcast-Episode, in die bestimmt viel Herzblut geflossen ist. Jetzt möchtest du natürlich deinen ersten Podcast auch ins Netz stellen, damit die ersten Hörer darauf aufmerksam werden. Ein bisschen Arbeit wartet jetzt aber noch auf dich, denn der Podcast benötigt eine Plattform im Internet. In diesem Kapitel zeigen wir dir, wie du diese Plattform einrichten kannst.

Sehr gut eignen sich Weblogs, um einen Podcast im Internet zu veröffentlichen. Weblogs sind Web-Seiten, die sich leicht aktualisieren lassen. Du brauchst kein großer Internet-Programmierer sein, um deine eigene Web-Seite einzurichten.

Wir gehen in diesem Kapitel Schritt für Schritt vor. Zunächst erfährst du, wo es sich lohnt, nach Web-Speicherplatz zu suchen. Auf diesem Speicherplatz baust du dann deine Podcast-Seite auf. Damit dein Podcast gehört werden kann, benötigst du einen RSS-Feed. Wie du den selbst erstellst, steht im zweiten Teil. Deinen RSS-Feed und die Audiodateien müssen ja auch ins Internet geladen werden. Hierbei helfen so genannte FTP-Programme, die du kennen lernen wirst. Um deine Podcast-Seite leicht pflegen zu können, erfährst du auch, wie du ein Weblog einrichten kannst. Wir stellen dir dabei das bekannte Programm WordPress vor. Die kostenlose Blog-Software ist mit wenigen Klicks durch das Plug-in PodPress umrüstbar und somit Podcast-fähig.

Das sind alle Zutaten, die du für deine Podcast-Plattform im Internet benötigst. Aber es gibt noch viele andere Möglichkeiten. Das kostenlose Programm Loudblog übernimmt komplett die Verwaltung von Weblog und Podcast. Außerdem gibt es Podcast-Hoster. Diese Dienste übernehmen die komplette Verwaltung deines Podcasts – sie bieten dir Speicherplatz, eine Web-Seite und die Veröffentlichung der Podcast-Episoden an. Sowohl Loudblog als auch externe Podcast-Hoster lernst du am Ende dieses Kapitels kennen.

Was sind Weblogs?

Das Wort Weblog setzt sich zusammen aus den Wörtern **Web** und **Log**, also der Abkürzung für Logbuch. Als Logbücher des Internets können Blogs, wie die verbreitete Kurzform lautet, auch verstanden werden. Diese Logbücher bestehen aus kurzen Einträgen, wobei die neuesten Texte am Anfang der Seite veröffentlicht und die älteren Texte nach unten geschoben werden. In zeitlich sortierten Archiven können ältere Einträge gesucht werden. Zudem kennzeichnet sich ein Weblog durch die Kommentierbarkeit der Einträge.

Blogs stellen viele Funktionen zur Vernetzbarkeit untereinander zur Verfügung: Neue Einträge stehen in einem RSS-Feed, Permalinks ermöglichen die direkte Verlinkung eines Textes, auch wenn dieser schon längst im Archiv verschwunden ist, und durch Trackbacks oder Pingbacks können andere Weblog-Autoren fast wie in einer Presseschau automatisch auf einen relevanten Eintrag im eigenen Weblog hinweisen. Zudem zeigen Weblog-Autoren ihren Lesern, bei welchen Weblog-Kollegen sie gerne mitlesen, indem sie die Links zu dem Weblog in eine Linkliste packen, die in der Weblog-Welt als Blogroll bezeichnet wird.

Oft werden Weblogs auch als digitale Tagebücher bezeichnet. Viele nutzen die Weblog-Technik, um öffentlich Berufliches oder Privates zu dokumentieren. Die einfache Technik hat Weblogs so erfolgreich gemacht – jeder, einfach jeder, kann im Internet sein eigener Publizist werden. Podcasts sind die konsequente Fortführung dieses Gedankens.

Blogs sollten aber nicht mit Tagebüchern im Internet gleichgesetzt werden. Ursprünglich hatten die ersten Formen hiermit gar nichts zu tun: Mitte der 90er-Jahre sind die ersten Blogs entstanden. Als das Web immer unübersichtlicher wurde, täglich unzählige Web-Seiten ins Internet geladen wurden und selbst Internet-Verzeichnisse wie Yahoo! keinen Durchblick durch den Web-Dschungel boten, fingen Internet-Junkies an, besonders gute Web-Seiten auf ihren Seiten zu empfehlen. Schnell fingen ihre Freunde an, regelmäßig nach neuen Links zu schauen. Damit der Aktualisierungsaufwand nicht zu hoch war, haben die Logbuch-Schreiber ein einfaches System entwickelt, um ohne großen Aufwand die eigene Web-Seite aktualisieren zu können.

1996 wurde der Weblog-Dienst Xanga gestartet. Den Durchbruch haben Weblogs aber erst 1999 geschafft. Damals ging der Dienst **blogger.com** an den Start, der das Veröffentlichen massenfähig machte. Besonders nach den Terroranschlägen in New York 2001 hatten viele Amerikaner das Bedürfnis, Texte im Internet zu veröffentlichen. In den nächsten Jahren „bloggte man einfach mit blogger.com".

Inzwischen sind Weblogs auch in Europa und der ganzen Welt angekommen. Verschiedene Dienste bieten Blogsysteme an, und viele Programme unterstützen Blogger bei ihrer Arbeit. Es gibt nicht nur persönliche Tagebücher oder Logbücher von Hardcore-Surfern; es gibt die unterschiedlichsten Typen: Firmen-, PR-, Koch-, Erotik-, WG-, Stadt-, Event-, Konferenz-, Link-, Computer-, Musik-, Korrespondenten- oder ganz einfach private Blogs.

Dein Podcast im Radio

Wir werden später noch ein bisschen näher darauf eingehen, wie du deinen Podcast bekannt machst. Wenn es allein ums Veröffentlichen geht, kannst du auch auf das Projekt **StreamOnTheFly** (➲ **streamonthefly.org**) setzen. Du kannst dort deine Podcasts hochladen, genau wie viele freie Radiostationen das mit ihrem Programm tun. So entsteht nach und nach ein riesiges Netzwerk an Audioinhalten, die über Stichworte miteinander verknüpft sind. Du kannst dich dort wirklich satthören, inspirieren lassen oder Material austauschen. Freie Radiosender und andere Podcaster können so auf deine Sendungen zurückgreifen, du aber auch auf deren Sendungen – eine Hand wäscht die andere.

Zwei Sendungen im deutschen Radio, die sich ausführlich mit dem Podcasten beschäftigen, sind übrigens das **blogspiel** (➲ **blogspiel.de**) im Deutschlandradio Kultur sowie **Trackback** (➲ **spreeblick.com/trackback**) beim Berlin-Brandenburger Jugendradio Fritz. Hinter Trackback steckt mit Johnny Haeusler von Spreeblick als Moderator einer der bekanntesten Podcaster.

Den geeigneten Web-Speicherplatz finden

Herzlichen willkommen auf dem Webhost-Wochenmarkt! Anbieter um Anbieter drängen sich auf dem Platz und erschlagen die Marktbesucher mit den günstigsten Angeboten. Laut wird beworben: „**Bestellen Sie jetzt!**" – „**Mehr Speicherplatz, mehr Funktionalität, mehr Sicherheit!**" – „**Wir bringen Sie ins Netz!**" Große Anbieter werben mit günstigen Preisen und bunten Prospekten, kleine Anbieter locken mit individueller Beratung. Die Suche im Internet nach einem geeigneten Speicherplatz ist so anstrengend wie der Besuch auf einem Wochenmarkt, wenn man einfach nur etwas frisches Gemüse möchte, aber keine Zeit hat, alle Angebote auf sich wirken zu lassen.

Doch was benötigst du überhaupt? Speicherplatz! Für den Anfang benötigst du keine Massen, aber 100 MB Speicherplatz brauchst du schon. Wenn allein eine Podcast-Episode rund 5 MB Speicherplatz benötigt und du auch noch welchen für deine Web-Seite und deine Bilder brauchst, darf es nicht weniger sein. Dazu brauchst du noch eine Internet-Adresse, also eine Domain wie z. B. **podcast-buch.de**. Speicherplatz und Domain gehören zum Standard der meisten Angebote.

Wichtig ist auch der Traffic. Als Traffic bezeichnet man den Datentransfer, der entsteht, wenn Besucher etwas von deiner Web-Seite laden. Der Datentransfer entsteht also, wenn die Besucher auf deiner Seite herumsurfen oder sich etwas herunterladen. Ein kleines Beispiel: Du stellst jede Woche einen Podcast ins Netz, der 10 MB groß ist. Dieser wird von 100 Leuten gehört. Alleine dadurch entsteht so ein Traffic von knapp 4 GB. Die Rechnung funktioniert so: 10 MB mal 100 Downloads mal 4 Wochen ergibt 4000 MB, also knapp 4 GB Traffic. Der Traffic wird aber immer günstiger, und viele Webhosting-Anbieter haben eine Traffic-Flatrate im Angebot. Wählst du allerdings ein sehr günstiges Paket aus, das nur wenig Traffic erlaubt, kann das zu einer teuren Nachberechnung führen. Je nach Anbieter kann jeder zusätzlich angebrochene GB Traffic ein paar Euro kosten.

Du solltest auch darauf achten, dass dein Paket Web-Seiten mit der Skriptsprache PHP erlaubt. PHP brauchst du zwingend, wenn du ein eigenes Weblog einrichten möchtest. Erst damit kann die entsprechende Software auf deinem Speicherplatz eingerichtet werden. Meistens benötigen diese Programme auch eine MySQL-Datenbank. Texte, die du in dein Blog schreibst, werden hier zum Beispiel abgespeichert.

Es gibt aber noch viele andere Features, mit denen geworben wird: die Anzahl der E-Mail-Adressen, Web-Statistiken, passwortgeschützte Verzeichnisse, vorinstallierte Programme und so weiter. Inwieweit du deine Entscheidung von diesen zusätzlichen Funktionen abhängig machst, ist deinem Geschmack überlassen. Aber schließlich ist dies auch alles eine Frage des Preises.

Wir stellen dir nun einige große und kleine Webhosting-Anbieter vor. Die Haltbarkeit dieser Angebote ist sehr gering. Deswegen gehen wir darauf nur kurz ein, können dir aber schon einige Erfahrungswerte mit auf den Weg geben.

1&1

1&1 (➲ **1&1.de**) ist einer der größten Webhoster in Deutschland. Vorteile großer Dienstleister sind günstige Tarife, viele Zusatzfunktionen und zügige Bearbeitung von Standardvorgängen. Individuelle Anfragen und Wünsche werden aber nur begrenzt berücksichtigt. 1&1 hat einen relativ guten Ruf. Du wirst Stimmen finden, die restlos begeistert sind; es gibt aber unter Bloggern auch enttäuschte Kunden – was bei der Masse an Kunden überhaupt kein Wunder ist. Im kleinsten Paket, das sich für Podcaster eignet, bekommst du 250 MB Speicherplatz und 15 GB Traffic pro Monat. Zwei Domains sind inklusive, im ersten Jahr bezahlst du rund 95 Euro. Die Mindestvertragslaufzeit beträgt zwölf Monate.

Strato

Strato (➲ **strato.de**) ist in einem Atemzug mit 1&1 zu nennen. Seit Jahren liefern sich beide Dienstleister eine Schlacht um jeden Kunden. Strato hat sich aber ein blaues Auge in der Weblog- und Podcast-Welt geholt: Vor einigen Jahren hat das Unternehmen die Inhalte vieler MySQL-Datenbanken verloren. Viele Blogs standen auf einmal ohne ihre Einträge da, Sicherungskopien konnten nicht eingespielt werden – entweder waren sie nicht vorhanden oder funktionierten nicht richtig.

Uns hatte das damals motiviert, selbst zum Webhosting-Anbieter zu werden (➲ **fiene,horn blogstrasse**), um Bloggern individuellen Service zu bieten, wenn sie die Nase voll von Massenhostern haben. Solche Pannen passieren Strato heute nicht mehr. Strato hat sogar mit Blogger Johnny Haeusler eine Kooperation vereinbart und unterstützt dessen Spreeblick-Weblogs mit Webhosting-Dienstleistungen. Für 150 MB Speicherplatz, 20 GB Traffic pro Monat und zwei Domains werden dir im ersten Jahr rund 55 Euro berechnet.

Host Europe

Unter Bloggern und Podcastern kennen wir viele zufriedene Kunden von Host Europe (➲ **hosteurope.de**). In einer kleinen Umfrage nannten sie uns einen guten Service und die angemessenen Preise als Entscheidungsgrund für diese Firma. Das kleinste geeignete Paket umfasst 200 MB Speicherplatz, pro Monat 50 GB Traffic und kostet dich im ersten Jahr rund 50 Euro. Das entsprechende Paket wird einmal im Jahr abgerechnet.

domainFACTORY

Mit der domainFACTORY (➲ **domainfactory.de**) haben wir auch schon gute Erfahrungen gemacht. Es gibt spezielle Angebote für Deutschland, Österreich und die Schweiz. Das kleinste Podcaster-Paket beinhaltet 500 MB Speicherplatz, eine Traffic-Flatrate und drei Domains. Im ersten Jahr berechnet domainFACTORY hierfür rund 65 Euro. Der Webhoster wirbt in diesem Paket auch mit einer kostenlosen 0800-Hotline.

all-inkl

all-inkl (➲ **all-inkl.com**) ist ein kleinerer Anbieter. Das günstigste Angebot, das sich für Podcaster eignet, beinhaltet rund 1000 MB (!) Speicherplatz, 25 GB Traffic und eine Domain. Die ersten zwölf Monate kosten rund 75 Euro. Solltest du dieses Angebot nutzen und dabei mehr als 25 GB Traffic pro Monat benötigen, kostet jeder zusätzliche GB 0,49 Euro.

PodHost.de

Bei **PodHost.de** (➲ **podhost.de**) handelt es sich um einen Anbieter, der sich speziell nur an Podcaster richtet. Wir werden dir **PodHost.de** später noch genauer vorstellen. An dieser Stelle nur so viel: Du bekommst hier keinen festen Speicherplatz, sondern kannst ein bestimmtes Kontingent buchen. **PodHost.de** bietet dir monatlich zwischen 30 und 600 MB an, und das Starterpaket mit nur 30 MB ist sogar komplett kostenfrei. Du kannst damit bis zu 30 MB hochladen, und das in jedem Monat aufs Neue.

webhostlist.de

Bei **webhostlist.de** handelt es sich um ein Portal, auf dem du nach weiteren Anbietern suchen kannst. Viele Angebote sind hier verzeichnet, und du kannst in einer Suchmaschine direkt deine Wünsche eingeben. Du kannst bestimmen, wie viele Domains du haben möchtest, wie viel Speicherplatz, wie viel Traffic und ob du MySQL und PHP brauchst. **web**

hostlist.de sucht dir das günstigste Angebot heraus. Du gelangst danach auf die Homepage des Anbieters, kannst aber auch die Bewertungen anderer Kunden nachlesen. So kannst du einen passenden Anbieter finden und bleibst vor Überraschungen verschont.

Worauf sollte ich achten?

Niemand ist vor Überraschungen gefeit. Aber du kannst das Risiko schon minimieren, wenn du auf einige Dinge achtest, bevor du dir einen Webhosting-Anbieter aussuchst und einen Vertrag abschließt. Unsere Tipps gegen allzu viel Stress:

- Kontrolliere immer die Laufzeit für deinen Webhosting-Vertrag. Bei manchen Anbietern musst du dich für eine bestimmte Zeit binden, zum Beispiel für zwölf Monate.
- Überprüfe Sonderaktionen und Rabattangebote ganz genau! Das Kleingedruckte verrät dir, ob dich bei der Rechnungsstellung Dinge erwarten könnten, die du auf den ersten Blick gar nicht vermutet hättest.
- Vergiss nicht, dich über den Abrechnungsmodus zu informieren. Kleinere Pakete werden häufig ein ganzes Jahr im Voraus abgerechnet.
- Schaue dir an, welchen Service der Anbieter verspricht. Gibt es für das Paket nur eine teure Hotline, die per Sonderrufnummer erreichbar ist? Sollte es einmal zu Problemen mit deiner Web-Seite kommen, sollte dir auch ein entsprechender Support angeboten werden.
- Was passiert, wenn du mehr Traffic verursachst, als dir zur Verfügung steht? Achte darauf, dass du dann nicht zu viel draufzahlen musst!

fiene,horn blogstrasse

Wir betreiben mit der fiene,horn blogstrasse (➲ **blogstrasse.de**) ebenfalls einen kleinen Webhosting-Dienst. Als vor einigen Jahren viele Blogger mit den großen Anbietern unzufrieden waren, haben wir ihn gegründet. Der Unterschied zu den großen Webhosting-Anbietern: Im Preis ist die Installation einer Weblog- und Podcast-Software enthalten. Wir richten dir diese Software auf dem Server also von Hand ein – egal, ob du WordPress, Loudblog oder andere nutzt. Schau dich einfach einmal genauer in der blogstrasse um. Für dich und die anderen Leser dieses Buches haben wir auch ein spezielles Angebot vorbereitet. Wie das genau aussieht, erfährst du auf der

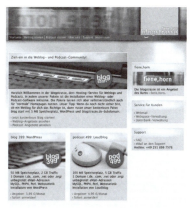

fiene,horn blogstrasse

Homepage zum Podcast-Buch unter ⊃ **podcast-buch.de/blogstrasse**.

RSS-Datei bauen

In diesem Abschnitt dreht sich alles um RSS – Really Simple Syndication. Wir geben dir eine Schritt-für-Schritt-Anleitung, um deinen eigenen RSS-Feed zu schreiben. Damit du erst einmal weißt, was genau dahinter steckt, schau dir doch einmal einen RSS-Feed genauer an. Du kannst zum Beispiel die aktuellen Schlagzeilen von Spiegel Online aufrufen. Gib dazu einfach in deinem Browser die folgende Adresse ein: **www.spiegel.de/schlagzeilen/rss/index.xml**

Je nach Browser bekommst du nun etwas anderes zu sehen. Es kann sein, dass es einfach der Quelltext der RSS-Datei ist, oder dein Browser bringt dir die Inhalte, also Texte dieser RSS-Datei in eine einigermaßen schöne Form. Unser Ziel ist es, einen Quelltext zu bauen wie der Internet Explorer ihn zum Beispiel zeigt.

Angenommen, du möchtest einen Wetter-Podcast starten. Täglich möchtest du neue Episoden mit dem Wetterbericht des Tages veröffentlichen. Die erste MP3-Datei dazu hast du schon aufgenommen, und nun brauchst du einen RSS-Feed für deinen Podcast.

Ansicht des RSS-Feeds von Spiegel Online im Firefox-Browser

1. Grundgerüst bauen

Lege eine leere Textdatei an und öffne sie mit einem beliebigen Texteditor. Zunächst musst du das Grundgerüst bauen. Dieses besteht aus fünf Zeilen Code. In den folgenden Beispielen stellen wir immer eine Zeilennummer voran, damit du schneller einen Überblick bekommst. Diese Nummer soll nicht mit in der RSS-Datei stehen.

```
01 <?xml version="1.0"
encoding="ISO-8859-1"?>
```

Mit diesem Befehl wird festgelegt, wie der Browser diese Datei zu interpretieren hat. Diese Zeile sagt ihm, dass es sich bei dem RSS-Feed um eine so genannte XML-Datei handelt.

```
02 <rss version="2.0">
```

Diese Zeile wiederum teilt dem Browser mit, dass der folgende Code der RSS-Spezifikation entspricht. Alle nun folgenden Dinge müssen dieser Spezifikation entsprechen. Wenn du dich an alle Vorschläge hältst, musst du das komplizierte Spezifikationswerk glücklicherweise niemals lesen! Alle Inhalte des RSS-Feeds werden später im so genannten Channel eingebaut, also zwischen den Zeilen 3 und 4. Deswegen wird der Channel in Zeile 3 geöffnet, Zeile 4 schließt ihn wieder.

```
03 <channel>
04 </channel>
```

Nach dem Channel wird auch das RSS-Element geschlossen – das Grundgerüst steht.

2. Kopfbereich füllen

Als Nächstes musst du dem RSS-Feed ein paar Standardinformationen mit auf den Weg geben. Alle diese Informationen solltest du der Reihe nach direkt hinter <channel> eingeben werden, also nach Zeile 3.

```
05 </rss>
```

Zunächst musst du dem RSS-Feed einen Namen geben.

```
<title>Der kleine Wetter-
Podcast</title>
```

Danach verzeichnest du die Homepage des Wetter-Podcasts.

```
<link>http://www.podcast-
buch.de/wetterpodcast/</
link>
```

Statt **podcast-buch.de** solltest du hier natürlich deine eigene Domain einsetzen.

Anschließend fehlt noch eine Beschreibung des Podcasts. Diese Beschreibung wird von den Podcatchern und Podcast-Verzeichnissen im Internet genutzt, um zu zeigen, womit sich dein Podcast beschäftigt. Es lohnt sich also, eine knackige Beschreibung zu formulieren. Was die kryptischen Zeichenfolgen „ä" und

„ü" bedeuten, erklären wir dir unter **Achtung, Sonderzeichen!** ein paar Seiten weiter in diesem Buch.

```
<description>Wie wird das
Wetter heute? Das beantwor-
tet der t&#228;gliche Wet-
ter-Podcast. Innerhalb von
zwei Minuten bekommst du
die Aussichten f&#252;r den
Tag auf den Bildschirm.</
description>
```

Das sind alle verpflichtenden Informationen für den Kopfbereich. Es empfiehlt sich aber, noch vier weitere Informationen in den RSS-Feed zu schreiben. Damit der Podcatcher sieht, dass es sich um einen deutschen Podcast handelt, solltest du noch die Sprache definieren.

```
<language>de-DE</language>
```

Damit der Podcatcher sieht, wann dein Podcast zuletzt aktualisiert wurde, solltest du immer eine aktuelle Zeitangabe im Kopfbereich stehen haben:

```
<pubDate>Wed, 17 Jan 2007
16:05:00 +0100</pubDate>
```

Damit sichtbar ist, wer den Podcast ins Netz gestellt hat, kannst du dich als Copyright-Eigentümer eintragen.

```
<copyright>Daniel Fiene,
Dennis Horn</copyright>
```

Zu jedem Podcast gehört auch ein Bild, das im Podcatcher angezeigt werden kann.

```
<image>
 <url>http://www.podcast-
buch.de/wetterpodcast/logo.
jpg</url>
 <title>Der kleine Wetter-
Podcast</title>
 <link>http://www.podcast-
buch.de/wetterpodcast/</
link>
</image>
```

Das Element `<url>` gibt die Adresse des Bildes an. Solltest du die Bilddatei einmal verschieben, achte darauf, dass du das auch im RSS-Feed änderst! Du kannst an dieser Stelle Bilder im JPEG-, GIF- oder PNG-Format abspeichern. Das Element `<title>` wird genutzt, um bei Bedarf einen Alternativ-Text zu haben, wenn Bilder nicht angezeigt werden können. Das Element `<link>` sollte auf die Homepage des Podcasts führen. Die Elemente `<title>` und `<link>` können identisch mit den gleichnamigen Elementen sein, die wir eben schon eingegeben haben.

Jetzt verfügt die RSS-Datei über genügend Basisinformationen für den Wetter-Podcast. Nur die Podcast-Episoden müssen noch hinzugefügt werden.

3. Item-Element eintragen

Für jede Podcast-Episode benötigen wir im RSS-Feed ein `<item>`-

Element, das wiederum aus einigen Unterelementen besteht. Für die erste Episode deines Wetter-Podcasts legen wir nun ein <item>-Element fest.

```
<item>
 <title>Ausgabe 1: Das Wetter vom 17.01.2007</title>
 <link>http://www.podcast-buch.de/wetterpodcast/</link>
 <description>Das Wetter heute: bewölkt, kaum Regen bei bis zu 12 Grad</description>
 <pubDate>Wed, 17 Jan 2007 16:05:00 +0100</pubDate>
 <guid> http://www.podcast-buch.de/wetterpodcast/index.php?folge=1</guid>
 <author>Dennis Horn &lt;dennis@podcast-buch.de&gt;</author>
</item>
```

<title> entspricht dem Titel der Podcast-Episode.

<link> gibt dir die Möglichkeit, einen begleitenden Link zu dieser Episode einzugeben. Entweder verlinkst du die Podcast-Web-Seite oder die Unterseite, die die Beschreibung dieser Episode enthält.

<description> wird von den Podcatchern und Podcast-Verzeichnissen genutzt, um anzuzeigen, was in dieser Episode passiert.

<pubDate> enthält das Erstellungsdatum der Episode. Wenn du das Datum wie im Beispiel formatierst, wird es von allen Podcatchern erkannt.

<guid> steht für "Globally Unique Identifier". Das kann eine beliebige Zeichnfolge sein; die Hauptsache: Sie unterscheidet sich von den <guid>-Angaben der anderen <item>-Elemente. Du kannst entweder eine fortlaufende Nummer eintragen oder – wie hier im Beispiel – einen Link auf die Episode. Der Globally Unique Identifier muss einzigartig innerhalb der gesamten RSS-Datei sein, damit die Podcatcher die einzelnen <item>-Elemente voneinander unterscheiden können.

<author> steht für den Autor der Episode. Wird der Podcast von unterschiedlichen Leuten produziert, kannst du hier den Namen eintragen. Es muss aber auch die jeweilige E-Mail-Adresse angegeben werden, sonst wird der Feed nicht korrekt interpretiert. Du kannst auch nur eine E-Mail-Adresse eingeben.

4. MP3-Datei verlinken

Als Nächstes verlinken wir die Audiodatei deiner ersten Podcast-Episode. Das geschieht mit dem <enclosure>-Element, das direkt auf das <author>-Element folgt.

```
<enclosure url="http://www.podcast-buch.de/wetter-podcast/episoden/folge01.mp3" length="24986239" type="audio/mpeg" />
```

url gibt die Internet-Adresse zur Audiodatei an.

type identifiziert die Datei als Audiodatei.

length gibt die Größe der Datei in Bytes an.

5. Weitere Podcast-Episode eintragen

Wenn du eine weitere Podcast-Episode veröffentlichen möchtest, legst du einfach ein weiteres <item>-Element mit komplettem Inhalt an. Neue <item>-Elemente fügst du immer oberhalb der schon bestehenden ein.

```
<item>
 <title>Ausgabe 2: Das Wetter vom 18.01.2007</title>
 <link>http://www.podcast-buch.de/wetterpodcast/</link>
 <description>Das Wetter heute: viele Schauer bei bis zu 14 Grad</description>
 <pubDate>Thu, 18 Jan 2007 11:12:00 +0100</pubDate>
 <guid>http://www.podcast-buch.de/wetterpodcast/index.php?folge=2</guid>
 <author>Daniel Fiene &lt;daniel@podcast-buch.de&gt;</author>
 <enclosure url="http://www.podcast-buch.de/wetterpodcast/episoden/folge02.mp3" length="29345643" type="audio/mpeg" />
</item>
```

6. RSS-Datei abspeichern

Dein RSS-Feed ist jetzt fürs Erste fertig. Du musst die Datei nur noch speichern. Benenne sie zum Beispiel als podcast.xml. Da es sich um eine XML-Datei handelt, kannst du dir die Bezeichnung zwar auswählen; die Endung muss aber .xml lauten. So müsste die komplette Datei aussehen:

```
<?xml version="1.0" encoding="ISO-8859-1"?>
<rss version="2.0">
 <channel>
  <title>Der kleine Wetter-Podcast</title>
  <link>http://www.podcast-buch.de/wetterpodcast/</link>
  <description>Wie wird das Wetter heute? Das beantwortet der t&#228;gliche Wetter-Podcast. Innerhalb von zwei Minuten bekommst du die Aussichten f&#252;r den Tag auf den Bildschirm.</description>
  <language>de-DE</language>
  <pubDate>Wed, 17 Jan 2007 16:05:00 +0100</pubDate>
  <copyright>Daniel Fiene, Dennis Horn</copyright>
  <image>
   <url>http://www.podcast-buch.de/wetterpodcast/logo.jpg</url>
   <title>Der kleine Wetter-Podcast</title>
   <link>http://www.podcast-buch.de/wetterpodcast/</link>
```

```
    </image>
    <item>
      <title>Ausgabe 2: Das
Wetter vom 18.01.2007</tit-
le>
      <link>http://www.pod-
cast-buch.de/wetterpod-
cast/</link>
      <description>Das Wetter
heute: viele Schauer bei
bis zu 14 Grad</descripti-
on>
      <pubDate>Thu, 18 Jan
2007 11:12:00 +0100</pub-
Date>
      <guid>http://www.pod-
cast-buch.de/wetterpodcast/
index.php?folge=2</guid>
      <author>Daniel Fiene
&lt;daniel@podcast-buch.
de&gt;</author>
      <enclosure url="http://
www.podcast-buch.de/wetter-
podcast/episoden/folge02.
mp3" length="29345643"
type="audio/mpeg" />
    </item>
    <item>
      <title>Ausgabe 1: Das
Wetter vom 17.01.2007</tit-
le>
      <link>http://www.pod-
cast-buch.de/wetterpod-
cast/</link>
      <description>Das Wetter
heute: bewölkt, kaum Regen
bei bis zu 12 Grad</de-
scription>
      <pubDate>Wed, 17 Jan
2007 16:05:00 +0100</pub-
Date>
      <guid>http://www.pod-
cast-buch.de/wetterpodcast/
index.php?folge=1</guid>
      <author>Dennis Horn
&lt;dennis@podcast-buch.
de&gt;</author>
      <enclosure url="http://
www.podcast-buch.de/wetter-
podcast/episoden/folge01.
mp3" length="24986239"
type="audio/mpeg" />
    </item>
  </channel>
</rss>
```

Zur besseren Übersicht haben wir ein paar Leerzeilen eingefügt und bestimmte Elemente etwas eingerückt. Das ist natürlich problemlos möglich! Es gibt übrigens noch mehr `<channel>`- und `<item>`-Unterelemente, die du benutzen kannst. Falls du richtig tief ins Thema einsteigen möchtest: Die komplette RSS-2.0-Spezifikation kannst du unter ➲ **blogs.law.harvard.edu/tech/rss** nachlesen.

Achtung, Sonderzeichen!

Das Alphabet hat 26 Zeichen, und genau die kannst du in einem RSS-Feed verwenden. Dazu kommen im Deutschen aber noch die Umlaute ä, ö und ü, das scharfe ß, und zum Teil nutzen wir auch das é und andere Zeichen. Wann immer die im RSS-Feed zum Einsatz kommen sollen, musst du sie maskieren. Das heißt: Statt des Zeichens ä schreibst du ä, statt des ß heißt es ß. Die Liste der Zeichen, die maskiert werden müssen, ist lang, aber falls du sie brauchst, hat die Online-Dokumentation SELFHTML sie sehr übersichtlich aufbereitet. Du findest sie unter ⊃ **de.selfhtml.org/html/referenz/zeichen.htm**.

RSS-Feed überprüfen

Ob du auch alles richtig gemacht hast, überprüft der Feed-Validator (⊃ **feedvalidator.org**). Dieser kostenlose Online-Dienst checkt deinen RSS-Feed durch und sagt dir, ob er „valide" ist oder ob du noch Änderungen vornehmen musst. Hast du dich nicht komplett an die Spezifikationen gehalten, versucht der Feed-Validator auch, herauszufinden, an welchen Stellen du noch Änderungen vornehmen musst. Findet er keine Fehler, gibt es eine Glückwunschmeldung – und du kannst davon ausgehen, dass Podcatcher und Podcast-Verzeichnisse die Datei auslesen können.

FEED Validator

FOR ATOM AND RSS

Atom 0.3 Support Deprecated (more)

Feed-Validator mit Ausbesserungsvorschlägen

RSS-Feed aufmotzen

Der Online-Dienst FeedBurner (⑧ **feedburner.com**) verleiht deinem RSS-Feed eine Reihe weiterer Funktionen. Du musst dich anmelden und kannst danach deinen RSS-Feeds so optimieren, dass er von den größten Verzeichnissen optimal genutzt werden kann. Statistikfunktionen helfen dir dabei, zu sehen, wie viele Besucher deinen Podcast abonniert haben und über welche Wege sie die Episoden beziehen. Zusätzlich gibt es noch viele, viele andere Möglichkeiten, deinen RSS-Feed „aufzupimpen". Wenn du deine Einstellungen vorgenommen hast, erhältst du eine neue RSS-Feed-Adresse auf der Feed-Burner-Domain. Diese neue Adresse musst du auf deiner Homepage verlinken, sodass sie von deinen Besuchern benutzt werden kann.

Dateien ins Internet laden

Dein RSS-Feed liegt auf der Festplatte, deine Podcast-Episoden im MP3-Format ebenfalls. Du hast einen Web-Speicherplatz, aber wie kommen deine Dateien ins Internet? Dazu benötigst du ein so genanntes FTP-Programm. FTP steht für „File Transfer Protocol", Dateiübertragungsverfahren. Mit diesem Standard können Dateien zwischen zwei Computern übertragen werden. Das FTP-Programm verbindet deinen Computer also mit dem Webserver, auf dem deine Dateien abgelegt werden. Du siehst in diesem Programm die Dateien auf deiner Festplatte und die Dateien auf dem Webserver. Per Mausklick kannst du sie dann in der Regel von der einen Seite auf die andere Seite ziehen. Je nach Dateigröße und Internet-Verbindung kann die Übertragung einige Minuten dauern.

FileZilla (⊃ **filezille.sourceforge.net**) ist ein kostenloses FTP-Programm für Windows. Es verfügt über alle Basis-

Anmeldebildschirm des FeedBurners

funktionen, die ein FTP-Programm benötigt und kann abgebrochene Übertragungen auch fortsetzen. Du musst dann nicht die ganze Datei erneut hoch- oder herunterladen. Wir werden auf den kommenden Seiten auch mit FileZilla arbeiten. Deshalb empfehlen wir dir, dieses Programm herunterzuladen.

WS_FTP (➲ ipswitch.com) ist der Klassiker unter den FTP-Programmen. So ziemlich jeder Homepage-Bastler hat schon mit ihm gearbeitet. Mittlerweile gibt es nur noch eine kostenpflichtige Version mit sehr vielen zusätzlichen Funktionen. Den Klassiker WS_FTP Lite, der auch alle wichtigen Funktionen enthält, kannst du dir aber noch aus dem Netz herunterladen.

Cyberduck (➲ cyberduck.ch) ist ein kostenloses FTP-Programm für Mac OS X. Es arbeitet mit Diensten wie Spotlight zusammen und integriert alle gängigen Editoren, damit du einzelne Dateien direkt mit deinem Lieblingseditor bearbeiten kannst. Etwas ungewöhnlich: Cyberduck listet nur die Verzeichnisse auf dem Webserver auf. Die klassische Bildschirmteilung mit der Festplatte links und dem Webserver rechts nutzt es nicht.

Transmit 3 (➲ panic.com/transmit), ebenfalls für den Mac, ist das einzige kostenpflichtige Programm in dieser Runde. Für rund 30 US-Dollar bekommst du aber ein sehr gutes FTP-Programm. Eine Synchronisierungsfunktion vergleicht die Inhalte von Ordnern und aktualisiert entweder die Dateien auf dem Server oder auf deiner Festplatte. Auch mit Transmit kannst du Dateien direkt mit deinem Lieblingseditor bearbeiten. Von Transmit gibt es auch eine kostenlose Testversion.

Bevor wir nun loslegen, benötigst du die FTP-Zugangsdaten für deinen Webserver. Diese bestehen aus der Host-Adresse (üblicherweise dein Domain-Name wie zum Beispiel **www.podcast-buch.de**), einem Benutzernamen und einem Passwort.

1. Verbindungsdaten eingeben

Bevor du dich mit dem Server verbinden kannst, solltest du die Verbindungsdaten speichern. Dann musst du sie nicht jedes Mal neu eingeben. Klicke zunächst auf den Button **Server-Verwaltung**; du erreichst den Servermanager aber auch über den Menüpunkt **Datei**. Darin klickst du auf **Neuer Server** und kannst nun eine Bezeichnung für den neuen FTP-Server eingeben. Als Nächstes trägst du unter **Server-Details** deine Host-Adresse ein; den Benutzernamen und das Passwort kannst du im Bereich **Logintyp** eingeben. Markiere hierzu den Logintyp **Normal**. Alle weiteren Einstellungsmöglichkeiten kannst du unverändert lassen. Klicke nun auf **Speichern**.

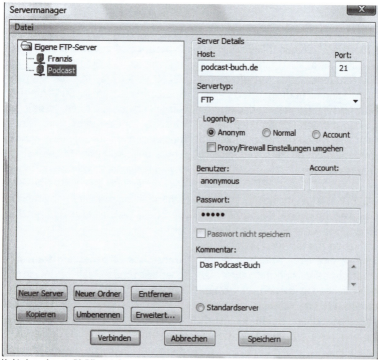

Verbindungsdaten in FileZilla eingeben

2. Verbindung zum Server herstellen

Neben dem Button **Server-Verwaltung** gibt es einen kleinen Pfeil, der nach unten zeigt. Klicke auf diesen Pfeil, und du kannst das Profil aufrufen, das du eben angelegt hast. FileZilla verbindet sich danach mit dem Server. Diesen Vorgang kannst du direkt beobachten: Im oberen Textfeld rauschen FTP-Befehle durch; alle Aktionen werden protokolliert. Dieses Protokoll brauchst du nicht zu lesen. Du siehst darin aber, wenn eine Aktion durchgeführt wird. Auf der rechten Seite erscheinen in FileZilla nun die Verzeichnisse auf dem Server. Du kannst dich nun durch sie klicken, wie du es vom Explorer oder dem Finder am Mac gewöhnt bist.

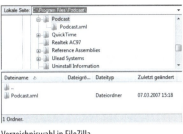

Verzeichniswahl in FileZilla

```
Antwort:   200 Switching to ASCII mode.
Befehl:    PASV
Antwort:   227 Entering Passive Mode (212,227,84,125,85,16)
Befehl:    LIST
Antwort:   150 Here comes the directory listing.
Antwort:   226 Directory send OK.
Status:    Auflistung des Verzeichnisinhalts erfolgreich
```

FileZilla verbindet sich mit dem Webserver

3. Lokales Verzeichnis auswählen

Wähle nun auf der linken Seite das Verzeichnis auf deiner Festplatte aus, in dem die Dateien für deinen Podcast liegen, zum Beispiel **D:\wetterpodcast**. Im oberen Fenster siehst du die Ordnerstruktur deines Rechners und im unteren die Dateien, die im aktuell gewählten Ordner liegen.

4. Server-Verzeichnis auswählen

Auf der rechten Seite kannst du nun den Ordner auswählen, in den die Dateien für deinen Podcast kopiert werden sollen. Über der Ordnerliste findest du eine Infozeile, die zeigt, in welchem Ordner du dich gerade befindest. Einen neuen Ordner kannst du anlegen, wenn du mit der rechten Maustaste auf die weiße Fläche klickst. Wähle im Kontextmenü einfach **Verzeichnis erstellen** aus. Machst du danach einen Doppelklick auf den neuen Ordner, befindest du dich in ihm.

5. Datei hochladen

Wenn du mit allem fertig bist, siehst du links den Ordner, in dem die Dateien liegen, die du ins Netz stellen möchtest. Rechts befindet sich die Server-Seite mit dem Ordner, in dem du die Dateien ablegen willst. Markiere nun einfach die gewünschten Dateien, und ziehe sie von links nach rechts. Ganz unten wird dir nun angezeigt, welche Dateien gerade hochgeladen

Lokaler Dateiname	Größe	Richtung	Remote Dateiname	Host
D:\wetterpodcast\podcast.xml	1929	--->>	/html/wetterpodcast/podcast.xml	podcast-buch.d...
Verbinden mit Podcast-Buch...				

Datei-Upload in FileZilla

werden. Lädst du mehrere Dateien hoch, werden alle aufgelistet und in eine Warteschlange gestellt. Das Herunterladen funktioniert übrigens nach dem gleichen Prinzip – hier musst du die Dateien nur von rechts nach links ziehen.

6. Verbindung beenden

Wenn die Übertragung fertig ist, kannst du die Verbindung zum Server beenden. Klicke dazu auf **Trennen** im Menü **Datei**.

7. Dateien überprüfen

Jetzt solltest du noch prüfen, ob der Upload geklappt hat. Angenommen, du hast die erste Folge sowie den RSS-Feed deines Wetter-Podcasts hochgeladen und dafür auf deinem Server einen neuen Ordner **wetterpodcast** mit dem Unterordner **episoden** angelegt. Dann würdest du die Folge unter **www.deindomainname.de/wetterpodcast/episoden/folge1.mp3** finden und den RSS-Feed unter **www.deindomainname.de/wetterpodcast/podcast.xml**.

Weblog zum Podcast mit WordPress

Dein Podcast ist online, und nun geht es darum, eine Homepage dazu online zu stellen. Schließlich müssen die Leute irgendwie an deinen Podcast kommen, und zum Teil willst du vielleicht noch Links und andere zusätzliche Informationen zu den einzelnen Episoden veröffentlich. Dazu eignet sich am besten ein Weblog, in dem du pro neuer Podcast-Episode auch einen neuen Eintrag veröffentlichst.

Ideal zum Bloggen: WordPress (➲ **wordpress-deutschland.org**). Das ist ein kostenloses System, für das dein Server die Skriptsprache PHP erlauben und eine MySQL-Datenbank zur Verfügung stellen muss. WordPress lässt sich einfach installieren, und selbst, wenn du kein Profi bist, kannst du es schnell und einfach einrichten. Mittlerweile hat sich auch eine riesige Entwicklergemeinde gefunden, die viele Plug-ins für WordPress bereitstellt. Du kannst auf der WordPress-Homepage ja mal etwas stöbern; in der Zeit machen wir schon einmal weiter ...

Bevor du mit der Installation beginnst, solltest du dir ein paar Dinge zurechtlegen: den FTP-Zugang zu deinem Webserver und die Zugangsdaten für deine MySQL-Datenbank. Diese bestehen aus dem Namen der Datenbank, dem Servernamen (oder Host) der Datenbank, einem Benutzernamen und einem Passwort.

1. Dateien hochladen

Hast du dir WordPress in der deutschen Version heruntergeladen, entpackst du die ZIP-Datei einfach in einem Ordner. Danach verbindest du dich über dein FTP-Programm mit deinem Webserver. Schiebe nun einfach den WordPress-Ordner von deiner Festplatte in das Verzeichnis auf deinem Webserver, in dem du das Weblog installieren möchtest. Wir empfehlen dir, einen Unterordner anzulegen – in unserem Beispiel ist es der Unterordner **wetterpodcast**.

2. Setup aufrufen

WordPress benötigt im nächsten Schritt die Informationen zur MySQL-Datenbank, damit das Programm die Daten abspeichern kann. Das Weblog-System stellt ein praktisches Online-Setup zur Verfügung, mit dem du die Konfiguration direkt über deinen Browser erledigen kannst. Rufe dazu einfach den Ordner über deinen Browser auf, in den du die WordPress-Dateien geladen hast. In unserem Beispiel: **www.podcastbuch.de/wetterpodcast/**. Danach erscheint die Meldung:

„Es scheint keine **wp-config.php**-Datei zu existieren. Ich brauche sie aber, bevor wir anfangen können. Brauchst Du weitere Hilfe?"

Bei WordPress Deutschland findest du eine deutschsprachige Anleitung. Du kannst die **wp-config.php** hier online erstellen. Das funktioniert leider nicht mit allen Servern. Die sicherste Methode ist es, die Datei manuell herzustellen. Du wirst also aufgefordert, eine Datei **wp-config.php** zu erstellen. Das übernimmt für dich das Online-Setup. Klicke einfach auf den Link **wp-config.php hier online erstellen**. Jetzt steht der folgende Text in deinem Browser:

„Sorry, dieses Verzeichnis ist nicht beschreibbar. Du wirst entweder die Schreibrechte deines WordPress-Verzeichnisses ändern oder deine wp-config.php manuell erstellen müssen."

Keine Panik – das ist völlig korrekt. Bisher haben wir die Dateien lediglich hochgeladen. Da die Dateien jedoch wie kleine Programme arbeiten, brauchen sie bestimmte Rechte. Damit sie einzelne Dateien ergänzen oder verändern können, müssen wir Schreibrechte auf deinem Webserver vergeben, und das kannst du einfach mit deinem FTP-Programm erledigen. Mit FileZilla brauchst du zum Beispiel nur mit der rechten Maustaste auf den Ordner auf deinem Webserver klicken, in den du WordPress geladen hast, und dann auf den Menüpunkt **Dateiattribute** gehen.

Du siehst nun ein Fenster, in dem du **Besitzerberechtigungen**, **Gruppenberechtigungen** und **Öffentliche Berechtigungen** einstellen kannst. Setze einfach überall ein Häkchen, damit WordPress die **wp-config.php** in diesem Ordner anlegen kann. Und wo du schon dabei bist, die Dateirechte für deinen Weblog-Ordner zu vergeben, kannst du auch noch die Rechte für den Upload-Ordner vergeben. Sonst kannst du später zum Beispiel keine Bilder hochladen. Gehe dazu in den Ordner **wp-contents**, der sich in deinem Weblog-Ordner befindet, und lege dort den Ordner **uploads** an. Gib dem Ordner **uploads** ebenfalls alle Rechte, indem du in den Dateiattributen alle Häkchen aktivierst. Jetzt kannst du zur Fehlermeldung im Online-Setup zurückkehren und die Seite neu laden – fertig.

3. MySQL-Daten eingeben

Die Fehlermeldung ist verschwunden, und du wirst nun aufgefordert, die MySQL-Daten einzugeben.

Eingabe der MySQL-Datenbank-Daten im WordPress-Setup

- Name der Datenbank
- Benutzername
- Passwort der Datenbank
- Datenbank-Host (MySQL-Serveradresse)
- Tabellen-Präfix

WordPress legt in deiner Datenbank verschiedene so genannte Tabellen an. Falls du die Datenbank auch für andere Dinge benutzen willst, zum Beispiel für eine weitere Installation von WordPress in einem anderen Verzeichnis, lohnt es sich, ein Präfix für alle Tabellen anzugeben, zum Beispiel **wetter_**.

Wenn du die Daten eingetragen hast, klicke auf **Absenden**. Das Online-Setup überprüft deine Angaben, und wenn sich eine Verbindung zur Datenbank herstellen lässt, geht es zum nächsten Schritt.

4. Setup vervollständigen

Es erscheint die Meldung: „Alles klar! Du bist durch den wichtigsten Teil der Installation gekommen. WordPress kann nun mit deiner Datenbank kommunizieren. Wenn du fertig bist, starten wir die Installation!"

Klicke auf **starten wir die Installation**, und in der nächsten Ansicht wirst du nach einem Blog-Titel und deiner E-Mail-Adresse gefragt. Trage hier deine Informationen ein, und klicke anschließend auf **Weiter mit Schritt 2**. WordPress speichert nun alle Informationen ab und generiert dir die Zugangsdaten für deinen Admin-Zugang. Dieser wird auf der nächsten Seite, direkt nach der Meldung, dass dein Weblog erfolgreich installiert worden ist, angezeigt. Notiere dir diese Daten, denn du brauchst sie, wenn du dich das erste Mal in WordPress einloggen wirst.

Eingabe von Blog-Titel und E-Mail-Adresse

5. In WordPress einloggen

Für das erste Login brauchst du nur auf den Link unter der Log-in-Adresse zu klicken (**wp-login.**

php). Später erreichst du WordPress über den Unterordner **/wp-admin/**, in unserem Beispiel über **www.podcast-buch.de/wetterpodcast/wp-admin/**.

6. Ersten Weblog-Eintrag schreiben
Nach dem Login gelangst du zur so genannten Tellerrand-Ansicht. Hier gibt es Neuigkeiten zu WordPress, aber auch Links zu Aktionen, die du vornehmen kannst. Klicke einfach auf **Schreiben**. Es öffnet sich die Ansicht **Beitrag schreiben**. Hier kannst du einen neuen Beitrag verfassen, indem du einen Titel auswählst und dann unter **Beitrag** deinen Text eingibst. Über dem Textfeld sind verschiedene Buttons. Diese kommen dir bestimmt bekannt vor: Sie sehen aus wie in Word oder jeder anderen Textverarbeitung. Sie haben auch die gleichen Funktionen: Mit diesen Buttons kannst du deinen Text formatieren, verlinken und verändern. Bist du fertig, klicke auf **Veröffentlichen**. Dein Text steht jetzt in deinem Weblog.

7. Einstellungen ändern
Mit WordPress kannst du zahlreiche Einstellungen vornehmen. Schaue dich einmal unter dem Punkt **Einstellungen** um. Du gelangst zunächst in die Ansicht **Allgemeine Einstellungen**. Hier kannst du nachträglich den Blog-Titel und die zweite Unterschrift festlegen. Außerdem kannst du festlegen, welche Regeln für Kommentare auf deiner Web-Seite gelten, und ob du per E-Mail über eine neuen Kommentar informiert werden möchtest. Auf jeden Fall solltest du hier das Passwort zu deinem Account ändern: Du kannst eines wählen, das du dir leichter merken kannst.

Erster Besuch im neuen WordPress-Weblog

8. Weblog besuchen
Du kannst in deinem Browser nun entweder die Adresse zu deinem Weblog per Hand eingeben: **www.podcast-buch.de/wetter-podcast/** wäre das in unserem Beispiel, oder du rufst aus WordPress heraus dein Blog auf. Klicke dazu auf den Link **Site ansehen**. Dieser befindet sich neben dem Titel in der Kopfzeile. Wenn du jetzt einen Blick auf dein Weblog wirfst, findest du bestimmt einige Dinge, die du verändern möchtest. Der Untertitel zu deinem Weblog heißt zum Beispiel standardmäßig **Ein weiteres tolles WordPress-Blog**. Außerdem gibt es nicht nur deinen Weblog-Eintrag, sondern auch einen Eintrag **Hallo Welt!**. Vielleicht möchtest du auch an-

dere Web-Seiten in deiner Blogroll verlinken.

Um den Untertitel zu ändern, gehe in den Bereich **Einstellungen** in WordPress. Direkt in der Ansicht **Allgemein** kannst du ihn ändern.

Um den Eintrag **Hallo Welt!** zu löschen, gehe in den Bereich **Verwalten**. Du siehst ihn direkt in der Liste mit deinen Weblog-Einträgen. Klicke auf den nebenstehenden Link **Löschen**, und schon entfernt WordPress diesen Text.

Um andere Web-Seiten in deiner Blogroll zu verlinken, wähle im Hauptmenü **Links** aus. Hier kannst du Web-Seiten hinzufügen und auch wieder entfernen.

Jetzt hast du deine ersten Schritte mit WordPress gemacht. Es gibt noch viel mehr zu entdecken. Viele Plug-ins erweitern den Funktionsumfang dieser Software. Es gibt viele Layouts, die du einfach einbinden kannst. Dazu lässt sich im Internet gute Hilfen im Umgang mit WordPress finden. Du wirst merken: WordPress ist ein gutes Programm, um im Internet zu veröffentlichen.

Weitere wichtige Weblog-Software

In der Weblog-Welt gibt es noch viele andere Web-Seiten, die es lohnt, kennenzulernen. Wir geben dir jetzt eine kleine Linkliste an die Hand – mit Seiten, die du dir anschauen solltest. So kannst du dich mit der Weblog-Welt vertrauter machen.

Blogger (➲ blogger.com) ist ein Online-Blog-Dienst. Blogger verfügt über eine sehr einfache Bedienoberfläche – zum Bloggen loggst du dich ein und verfasst deine Texte, die dann anschließend fertig programmiert auf deinen Speicherplatz geladen werden. Sehr viele Blogger sind mit diesem Tool gestartet. Blogger bietet mit **blogspot.com** auch kostenlosen Web-Speicherplatz an, wenn du noch über keinen eigenen Platz verfügst.

MovableType (➲ movabletype.org) ist ein ähnliches Weblog-System wie WordPress. Es basiert allerdings nicht auf PHP – dein Server muss für Movable Type so genannte CGI-Skripten unterstützen. Für private Anwender gibt es eine kostenlose Version. MovableType besticht durch einen sehr großen Funktionsumfang. Die Software hat viel von sich reden gemacht, als sie die so genannten Trackbacks eingeführt hat. Diese Form von Vernetzung zwischen Blogs ist inzwischen zu einem Quasi-Standard in der Weblog-Welt geworden.

TypePad (➲ sixapart.com/de/typepad) ist der kleine Bruder von Movable Type und keine eigene Software zum Bloggen, sondern ein Online-Dienst. Blogger ohne technischen Background können hier die Vorteile von MovableType nutzen. Um Installation und Updates brauchst du dich nicht zu kümmern. Dazu gibt es Features wie Fotoalben und Mobile Blogging, sodass du auch direkt von deinem Handy aus veröffentlichen kannst.

myblog.de (➲ **myblog.de**) ist ein deutscher Weblog-Dienstleister. Wie bei TypePad erhälst du dein eigenes Weblog auf den Seiten von **myblog.de**. Nach eigenen Angaben ist **myblog.de** die größte Weblog-Plattform in Deutschland. 350.000 Blogs sind dort angelegt worden, wie viele davon aber auch tatsächlich noch aktiv benutzt werden, ist nicht bekannt. Durch die simple Benutzerführung und kostenlose Accounts spricht **myblog.de** besonders junge Surfer an, die noch mit einem eigenen Weblog experimentieren. **myblog.de** bietet auch Podcast-Funktionen an.

blogg.de (➲ **blogg.de**) stammt federführend vom bekannten deutschen Blogger Nico Lumma (➲ **lummaland.de**). Du erhältst hier ein kostenloses Blog und kannst direkt loslegen. Dazu kannst du Linklisten und Bildergalerien verwalten. **blogg.de** bietet ebenfalls Funktionen zum Mobile Blogging. Veröffentlichst du über **blogg.de**, kannst du deine Seite gegen eine Gebühr auch werbefrei halten.

twoday.net (➲ **twoday.net**) ist ein Weblog-Dienst aus Österreich, bei dem sich eine lebhafte Blogger-Gemeinschaft entwickelt hat. **twoday.net** möchte seinen Nutzern ein möglichst unkompliziertes Werkzeug zum Bloggen anbieten, versorgt sie aber nicht nur mit Technik. **twoday.net** hat unter ➲ **mindestenshaltbar.net** ein Online-Magazin an den Start gebracht und lädt Blogger dort zum Schreiben ein. Dort können sie zu bestimmten Themen ihre Meinung durch Artikel beisteuern.

Technorati (➲ **technorati.com**) ist eine Suchmaschine, die sich auf Blog-Texte spezialisiert hat. Um die Relevanz der Suchergebnisse zu unterstreichen, untersucht Technorati, wie viele weitere Quellen auf die einzelnen Web-Seiten verlinken. Du kannst so auch nachschauen, wer dein eigenes Weblog verlinkt hat.

Google Blog-Suche (➲ **google.de/blogsearch**) zeigt, dass Google schon seit Jahren Interesse an der Weblog-Welt hat. Durch diese spezielle Suchfunktion für Blog-Einträge unterstreicht dies die meistgenutzte Suchmaschine der Welt. In der Blog-Suche kannst du wählen, ob du die aktuellen Einträge deutscher Weblogs oder der ganzen Welt durchsuchen möchtest.

Podcast mit WordPress per PodPress veröffentlichen

Die Blog-Software WordPress verfügt über keine Podcast-Funktionen. Immer von Hand den Link zur MP3-Datei einzugeben und weitere Einstellungen vorzunehmen, ist aber natürlich etwas mühselig. Deshalb gibt es das Plug-in PodPress (‹ **podpress.org**), das WordPress um Podcast-Funktionen erweitert.

1. PodPress hochladen

Hast du dir PodPress heruntergeladen und es entpackt, befindet

Pluginverwaltung

Plugins vergrößern und erweitern den Funktionsumfang von WordPress. Sobald ein Plugin installiert ist, kannst du es auf dieser Seite aktivieren oder auch wieder deaktivieren.

Plugin	Version	Beschreibung	Aktion
Akismet	1.2.1	Akismet checks your comments against the Akismet web serivce to see if they look like spam or not. You need a WordPress.com API key to use this service. You can review the spam it catches under "Manage" and it automatically deletes old spam after 15 days. To show off your Akismet stats just put <?php akismet_counter(); ?> in your template. Von Matt Mullenweg.	Aktivieren
CJD-Spam Nuke (deutsch)	1.5.3	Dieses Plugin macht all die Kommentare sicht- und löschbar, die mit dem Attribut 'Spam' in der Datenbank herumliegen. Deutsche Bearbeitung: Mathias Hundt. Von Chris J. Davis, Scott (skippy) Merill.	Aktivieren
Follow URL	1.0	Dieses Plugin entfernt das sogenannte **nofollow** Attribut , dass uns WordPress heimlich an die Links pappt, die in den Kommentaren stehen. Einmal aktiviert, arbeitet dieses Plugin unauffällig im Hintergrund und belastet auch Niemanden. Von Angsuman Chakraborty.	Aktivieren
Hello Dolly	1.5	This is not just a plugin, it symbolizes the hope and enthusiasm of an entire generation summed up in two words sung most famously by Louis Armstrong: Hello, Dolly. When activated you will randomly see a lyric from Hello, Dolly in the upper right of your admin screen on every page. Von Matt Mullenweg.	Aktivieren
o42-clean-umlauts	0.2.0	Das Plugin konvertiert die deutschen Umlaute in den Beitragstiteln, Kommentaren und Feeds zu ASCII. - Aus ä,ü,ö,ß wird ein ae, ue, oe und ss. auf der Lösung von Scott Hanson. Das Plugin wirkt sich nur aus, wenn bei der Permalinkstruktur *"Basierend auf Datum und Name"* aktiviert ist. Von Michael Renzmann.	Aktivieren
podPress	7.0	The podPress pluggin gives you everything you need in one easy plugin to use WordPress for Podcasting. Set it up in 'podPress'->Feed/iTunes Settings. If you this plugin works for you, send us a comment. Von Dan Kuykendall (Seek3r).	Aktivieren
Time Zone	2.1	Automatische Umstellung von Sommerzeit auf Winterzeit. Einstellungen können unter: Optionen » Time Zone geändert werden. Von Kimmo Suominen.	Aktivieren
Update-Monitor	1.3	Stay informed about new WordPress releases. Powered by WordPress Deutschland. Von Olaf A. Schmitz.	Aktivieren

PodPress-Plug-in aktivieren

sich der Ordner **podpress** auf deiner Festplatte. Öffne nun dein FTP-Programm und wechsle auf dem Webserver in den Ordner **wp-admin** und hier in den Unterordner **wp-content**. Darin befindet sich ein weiterer Unterordner **plugins**. Lade den Ordner **podpress** in genau diesen Ordner.

2. PodPress aktivieren

Nachdem der Upload abgeschlossen ist, musst du PodPress nur noch einbinden. Logge dich dazu in die Administration von WordPress ein und wähle in der Hauptnavigation den Punkt **Plug-ins** aus. Du erhältst nun eine Tabelle mit Plug-ins in alphabetischer Reihenfolge. Klicke in der PodPress-

Einstellungen für PodPress

Zeile in der Aktionsspalte auf **Aktivieren**. WordPress hat nun das Plug-in in das eigene System eingebunden, und die Installation ist abgeschlossen.

3. PodPress konfigurieren

Wähle nun PodPress im Hauptmenü aus. In der Ansicht **Podcast Settings** kannst du jetzt alle Einstellungen vornehmen. Du kannst dem Kind einen Namen geben, ein Bild hochladen, Beschreibungen eingeben und Kategorien bestimmen. Klicke dich einfach durch, und ergänze deine Einstellungen.

4. Kategorie hinzufügen

Gehe nun in die **Verwalten**-Ansicht, und lege dort eine neue WordPress-Kategorie an. Die könntest du zum Beispiel **Podcast** nennen. Du kannst später dann alle deine Podcast-Episoden in diese Kategorie packen. Das hat den Vorteil, dass du einen eigenen RSS-Feed für deine Blog-Einträge mit Podcast-Verknüpfung hast. Diesen Feed zur Kategorie kannst du dann deinen Besuchern für ihr Abo anbieten. Den Link zum RSS-Feed findest du in einem Blog, sobald die Kategorie angelegt ist.

5. Podcast-Episode hochladen

PodPress gibt dir nicht die Möglichkeit, die MP3-Dateien deines Podcasts hochzuladen. Das musst du weiter von Hand erledigen. Nutze dazu dein FTP-Programm, und lade die Datei hoch, die du einbinden möchtest. Am besten ist es, wenn du dafür einen eigenen Ordner anlegst, zum Beispiel mit dem Namen **episoden**. Dann findest du alle Audiodateien an einem Platz. In unserem Beispiel würdest du die MP3-Datei dann zum Beispiel unter **www.podcastbuch.de/wetterpodcast/episoden/folge1.mp3** finden. Diese Adresse benötigst du auch für den nächsten Schritt.

6. Podcast-Episode veröffentlichen

Damit die Podcast-Episode veröffentlicht wird, musst du nach dem Hochladen der Audiodatei nur auf **Schreiben** im WordPress-Hauptmenü klicken. Du erhältst die normale Ansicht, mit der du einen Beitrag schreiben kannst, allerdings befindet sich unter dem Schreibtisch ein neuer Block. Klicke hier auf **Add Media File**. Trage unter **Location** die Adresse zu deiner Audiodatei ein, in unserem Beispiel also **www.podcast-buch.de/wetterpodcast/episoden/folge1.mp3**. Im nächsten Feld kannst du einen Titel für die Episode eingeben. Dieser wird dann in deinem Eintrag auf der Web-Seite neben dem Link zur Datei angezeigt. Den Typ der Datei sucht sich PodPress selbst aus – nachdem du die Adresse eingegeben hast, erkennt das Plug-in, dass es sich um eine MP3-Datei handelt. Bei **Size** fragt dich PodPress nach der Größe der Datei, in Bytes angegeben. Da brauchst du aber nichts einzutragen – PodPress berechnet das für dich. Klicke dazu einfach auf den Button **Auto Detect**. Nach-

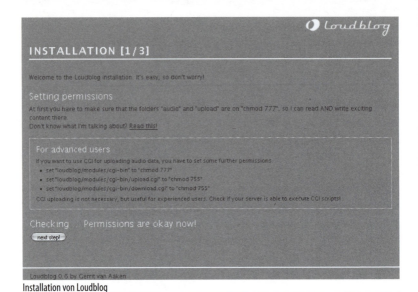
Installation von Loudblog

dem du alle Angaben gemacht hast, klicke in der rechten Leiste auf **Categories**. Es erscheint eine Liste mit deinen Kategorien. Wähle die neue **Podcast**-Kategorie aus, und klicke anschließend auf **Veröffentlichen**.

7. Podcast-Episode anhören und abonnieren

Wenn du jetzt dein Blog besuchst, findest du den ganz neuen Eintrag am Anfang der Seite. Deine Audiodatei ist direkt verlinkt. Um die Episode zu hören, starte einfach den integrierten Audio-Player. Da du für deinen Podcast eine eigene Kategorie angelegt hast, gibt es einen RSS-Feed nur für diese Kategorie. Abonniere diesen Feed einfach, um ausschließlich deine Podcast-Episoden zu beziehen.

Podcast mit Loudblog veröffentlichen

Gerrit van Aaaken (➲ **praegnanz.de**) ist Schöpfer der kostenlosen Software Loudblog (➲ **loudblog.de**). Er hat das Projekt ins Leben gerufen, nicht etwa um den großen Systemen Konkurrenz zu machen, sondern weil Loudblog einen einfachen und smarten Weg bieten soll, Medieninhalte im Internet zu veröffentlichen. Tatsächlich: Loudblog eignet sich hervorragend, um einen Podcast im Internet zu veröffentlichen. Das gilt sowohl für Audio- als auch für Video-Podcasts. Statt mit WordPress plus PodPress-Plug-in kannst du also auch auf Loudblog zurückgreifen.

1. Loudblog installieren

Zunächst musst du Loudblog auf deinem Web-Speicherplatz einrichten. Das ist ganz einfach: Lade dir die neueste Version herunter, entpacke die Dateien, und lade sie in einen neuen Unterordner auf deinem Web-Speicherplatz. Sobald die Dateien hochgeladen sind, rufe diesen Ordner in deinem Browser auf, und hänge ein **install.php** an. Angenommen, wir richten statt WordPress mit PodPress nun Loudblog auf dem Server von podcast-buch.de ein und erstellen dafür den Ordner **wetter**. Dann würdest du in deinen Browser die Adresse **www.podcast-buch.de/wetter/install.php** eingeben.

Du wirst jetzt durch einen Installationsvorgang von drei Schritten geführt. Im ersten Schritt werden die Dateirechte überprüft. Du musst einzelne Ordner und Dateien mit schreibfähigen Rechten ausstatten. Die Ordner **audio** und **upload** müssen die vollen Schreibrechte erhalten. Wie das geht, haben wir dir weiter oben ja schon beschrieben. Sind die Rechte korrekt gesetzt, geht es weiter.

Im folgenden Schritt musst du die folgenden Angaben machen:

Create your first login: Trage hier einen Benutzernamen und ein Passwort für dich ein. Mit diesen Daten hast du nach der Installation Zugriff auf Loudblog.

Database settings: In die nächsten Felder musst du den Datenbank-Host (also den MySQL-Datenbankserver), den Datenbank-Namen sowie den Benutzernamen und das Passwort für die Datenbank eingeben. Auch hier kannst du – wie eben schon bei WordPress beschrieben – ein Präfix für die Tabellen festlegen. Solltest du in dieser Datenbank schon WordPress installiert haben, bietet es sich an, hier ein anderes Präfix auszuwählen, damit die Tabellen parallel nebeneinander benutzt werden können. **Website-URL**: In dieses Feld brauchst du nur die Internet-Adresse deiner Loudblog-Installation einzugeben. In unserem Beispiel wäre das: **www.podcast-buch.de/wetter/**

Der letzte Schritt besteht darin, eine **config.php**-Datei zu erstellen. Loudblog stellt dir nun einen PHP-Code zur Verfügung. Diesen kannst du mit der Maus markieren und in den Zwischenspeicher kopieren. Erstelle eine neue, leere Textdatei, und kopiere den Inhalt aus dem Zwischenspeicher in das Textfeld. Speichere diese Datei als **config.php,** und lade diese Datei in den Ordner **custom**, einen Unterordner von **loudblog**. Kann Loudblog nun deine erstellte **config.php** finden, erhältst du folgende Meldung:

Congratulations! All good. You should delete this installation file now. It may harm your data.

Du hast Loudblog jetzt korrekt installiert! Aus Sicherheitsgründen solltest du die Datei **install.php** nun mit der

Kapitel 5 – *Podcasts produzieren: Veröffentlichung*

Quelle in Loudblog wählen

Hilfe deines FTP-Programms löschen. Dann können keine Inhalte überschrieben werden, falls du die Datei aus Versehen noch einmal startest.

2. Loudblog aufrufen

Du kannst dich in Loudblog mit den Daten einloggen, die du während der Installation im zweiten Schritt angegeben hast. Das Login-Formular findest du direkt, wenn du im Browser den Ordner **loudblog** aufrufst. Bei unserem Wetter-Podcast lautet die Adresse zum Loudblog-Login **www.podcast-buch.de/wetter/loudblog/**

Detail-Ansicht zur Episode

3. Quelle wählen

Sobald du dich eingeloggt hast, kannst du direkt damit loslegen, deinen Podcast zu pflegen. In der ersten Ansicht nach dem Login kannst du aus drei verschiedenen Quellen wählen, aus der du eine Audiodatei beziehen möchtest.

Du kannst eine Datei über den Browser direkt von deiner Festplatte hochladen, was sich allerdings nur bis zu einer Größe von 8 MB empfiehlt. Du kannst deshalb auch mit deinem FTP-Programm Dateien in den Ordner **uploads** laden, der ein Unterordner von **loudblog** ist. Alle hier hochgeladenen Dateien sind in der Quellauswahl gelistet. Klicke neben **Search Upload Folder** einfach auf **Get File**, und du kannst eine der per FTP hochgeladenen Dateien auswählen.

Die dritte Möglichkeit, die du hast, um eine Datei einzubinden, ist der direkte Bezug von einem anderen Webserver. Bei der Variante **Get from Web** brauchst du nur eine URL einzutragen. Loudblog kopiert die MP3 dann direkt von dem andern Webserver in das eigene System. Wenn du dich für eine Variante entschieden und eine Datei ausgewählt hast, kannst du auf den Button **Get File** klicken. Je nach Dateigröße dauert es nun etwas, bis die Datei übertragen ist.

4. Details eingeben

Sobald die Datei fertig übertragen ist, gelangst du in die Detail-Ansicht zur Episode. Gib einen Titel

Fertige Loudblog-Homepage

und eine Beschreibung ein, und wähle anschließend eine Kategorie aus – bis zu vier sind insgesamt möglich. Neben den Kategorien kannst du den Status auf **on air** setzen, indem du den entsprechenden Button markierst. Sobald der Status auf **on air** gesetzt wird, ist der Podcast online auf deiner Web-Seite zu sehen, nachdem du ihn gespeichert hast. Dazu klicke auf den Button **Save All**.

5. Podcast anhören

Hast du Datei und Text gespeichert, ist deine Podcast-Episode im Netz. Du kannst dir das Resultat auf der Web-Seite ansehen. Die Adresse zu unserem Beispiel-Podcast lautet ganz einfach **www.podcast-buch.de/wetter/**. Titel und Text der Episode siehst du im Haupttext, die Audiodatei ist ebenfalls verlinkt, und du kannst sie dir direkt im Audio-Player anhören. Klicke dazu einfach auf den **Play**-Button mit der weißen Pfeilspitze.

6. Weitere Einstellungen vornehmen

Fertig ist deine Loudblog-Web-Seite allerdings noch nicht. Du möchtest sicherlich noch einige Änderungen vornehmen, zum Beispiel Titel und Untertitel austauschen und den ersten Testbeitrag löschen. Logge dich dazu wieder in Loudblog ein, und wähle den Menüpunkt **Settings** in der Hauptnavigation, die du direkt im Kopf der Seite findest. Jetzt kannst du Titel, Untertitel, Layout, Beschreibung, Feed-Informationen und viele weitere Funktionen einstellen. Wenn du weitere Autoren hinzufügen oder Kategorien verändern möchtest, kannst du das im Bereich **Organisation** erledigen. Klicke auf den gleichnamigen Link im Hauptmenü, um in diese Ansicht zu gelangen.

Podcast über externe Hoster veröffentlichen

Eine weitere Variante, Podcasts im Internet zu veröffentlichen, ist die Nut-

Anmeldung bei PodHost.de

Kapitel 5 – *Podcasts produzieren: Veröffentlichung*

Userpanel bei PodHost.de

zung externer Hoster. Diese Dienste übernehmen alles: Sie stellen dir den Speicherplatz bereit und haben eine Oberfläche, mit der du deine Episoden verwalten und deine Web-Seite betreuen kannst. Allerdings musst du diese Dienste in der Regel bezahlen. Das bekannteste Beispiel in Deutschland ist die Web-Seite **PodHost.de**.

1. Anmelden

Gehe auf ‹**podhost.de**, und schaue dir die Angebote an. Sie unterscheiden sich vor allem durch die Größe des Speicherplatzes, der Rest ist gleich: Du erhältst Monat für Monat ein Kontingent an Speicherplatz, den du nutzen kannst. Du hast also keine feste Größe, sondern dein Kontingent wächst und wächst. Das macht den Reiz von PodHost. de aus, denn für Podcaster ist diese Variante besonders sinnvoll.

Meldest du dich an, musst du unter anderem den Namen deines Podcasts angeben. Dieser bildet später auch die Internet-Adresse für deinen Podcast. Lies dir die Beschreibung also genau durch, denn dieser Name lässt sich nicht mehr ändern. Nachdem du das Formular ausgefüllt hast, bekommst du wenige Minuten später eine E-Mail mit den Zugangsdaten.

2. Erste Änderungen vornehmen

Mit den Zugangsdaten kannst du dich im so genannten Userpanel einloggen. Zunächst solltest du dein Passwort ändern und die Einstellungen für deinen Podcast vornehmen. Dazu gehört auch, dass du die Meta-Informationen zu deinem Feed änderst, damit auf der Web-Seite und im RSS-Feed sofort die neuen Beschreibungen und Texte zu deinem Podcast stehen.

3. Hochladen

Wähle nun in der linken Hauptnavigation den Punkt **Datei verwalten** aus. In dieser Ansicht kannst

Hochladen einer MP3-Datei bei PodHost.de

du eine neue Episode hochladen. Wähle dazu einfach eine MP3-Datei von deiner Festplatte aus, und bestätige die Auswahl. Es öffnet sich ein Pop-up mit der Statusanzeige **Datei wird hochgeladen**. Du kannst nun auch sehen, wie lange der Upload noch dauert.

Liste der verfügbaren Dateien

4. Datei auswählen

Sobald die MP3-Datei hochgeladen ist, erscheint sie in der Liste der verfügbaren Dateien. Um diese zu veröffentlichen, klicke auf den Link **Jetzt veröffentlichen** neben dem Dateinamen.

5. Beitrag schreiben

PodHost.de wechselt direkt in die Ansicht **Beitrag schreiben** und bindet die ausgewählte Datei ein. Du brauchst jetzt nur noch Titel und Text zur Episode zu ergänzen. Unter **Optionen** kannst du noch weitere Angaben machen und bestimmen, ob andere Podcast-Verzeichnisse über die Veröffentlichung informiert werden sollen, ob Kommentare erlaubt sein sollen, und ob der Eintrag mit einer anderen Zeitangabe versehen werden soll. Bist du fertig, klicke auf **Beitrag jetzt veröffentlichen**.

6: Web-Seite besuchen

Sobald du auf die Adresse zu deinem **PodHost.de**-Weblog gehst, kannst du schon deinen ersten Eintrag sehen. Vom Aussehen her orientiert sich PodHost.de am Standard-Layout von WordPress.

Web-Seite bei **podhost.de**

Kapitel 5 – *Podcasts produzieren: Veröffentlichung*

odeo.com

In der rechten Spalte findest du einen Beschreibungstext, eine Suchfunktion, Links zu den RSS-Feeds und eine Liste mit den aktuellsten Einträgen. Das Layout und die Texte kannst du über die Einstellungen im Userpanel ändern.

Weitere externe Podcast-Hoster

Odeo und Hipcast sind an dieser Stelle zu nennen. Odeo (➲ **odeo.com**) versteht sich eher als Plattform, um Musik- und Audioangebote untereinander besser zu vernetzen. Das Angebot wurde von den **blogger.com**-Gründern gestartet. Du kannst hier auf die Suche nach Audioinhalten gehen und diese selbst auf der Plattform abonnieren. Allerdings kannst du dich auch anmelden und selbst MP3s hochladen. So kannst du auch mit Odeo deinen eigenen Podcast anbieten.

odeo.com

Hipcast (➲ **hipcast.com**) legt den Schwerpunkt direkt auf die Veröffentlichung von Multimedia-Inhalten. Du erhältst einen Account, auf den du deine Multimedia-Dateien hochladen kannst. Du kannst ihn auch von deinem Handy aus füttern oder Aufnahmen direkt im Browser machen. Aus deinem Pool an Dateien kannst du nun direkt Einträge in dein Weblog exportieren oder deinen Podcast komplett über Hipcast anbieten.

6 Podcasts bekannt machen

Dein Podcast ist fertig, die erste Episode ist produziert und steht im Netz. Jetzt kommt natürlich die Frage nach den Hörern: Wo kommen die her? Wie locke ich sie auf meine Seite? Du hast in den vorigen Kapiteln schon einige Podcast-Verzeichnisse kennengelernt. Wie du dich in diese Verzeichnisse eintragen kannst, erfährst du in diesem Kapitel. Zunächst wirst du sehen, wie du dich im iTunes-Podcast-Verzeichnis einträgst. Für iTunes solltest du deinen RSS-Feed noch um einige weitere Elemente ergänzen. Aus unserer Erfahrung lohnt es sich auch, bei anderen Podcasts Werbung zu machen. Dies kann durch Gastauftritte geschehen.

Aber der wichtigste Tipp vorweg: Schreib erst einmal deinen engeren Freunden und Kollegen eine E-Mail, und erzähle von deinem neuen Projekt. Mache sie auf deine Web-Seite neugierig, und sage ihnen, dass sie etwas verpassen, wenn sie deinen Podcast nicht einschalten. Bestimmt bekommst du auch Feedback von ihnen auf deine erste Episode. Wenn du zunächst noch nicht viele Leute anschreibst, lohnt sich das trotzdem: Vieles geschieht durch Mund-zu-Mund-Propaganda. Gefällt deinen Hörern der Podcast, erzählen sie anderen davon, und wenn sie eine eigene Web-Seite haben, legen sie vielleicht sogar einen Link auf dein Projekt.

Podcast bei iTunes eintragen

iTunes akzeptiert die Dateiformate .m4a, .mp3, .mov, .mp4, .m4v und .pdf. Du kannst also Video-Podcasts, PDF-Dokumente und natürlich Audiodateien eintragen. Bevor du die Adresse deines RSS-Feeds im iTunes-Verzeichnis anmelden kannst, muss der Code noch etwas erweitert werden. iTunes stellt spezifische Elemente zur Verfügung, um noch genauere Informationen über deinen Podcast zu gewinnen. Du kannst über diese Angaben im RSS-Feed die Anzeige deines Podcasts im Verzeichnis steuern.

1. Allgemeine Informationen im RSS-Feed hinzufügen

Damit Podcatcher die zusätzlichen iTunes-Elemente verstehen, musst du zunächst eine Sprachdefinition hinzufügen. Füge in die zweite Zeile den folgenden RSS-Code zusätzlich ein:

```
<rss xmlns:itunes="http://
www.itunes.com/dtds/pod-
cast-1.0.dtd" versi-
on="2.0">
```

Die folgenden Elemente kannst du als Unterelemente von `<channel>` benutzen. Füge sie am besten vor den `<item>`-Elementen ein.

Das `<itunes:subtitle>`-Element gibt deinem Podcast einen Untertitel. Mit diesem Untertitel kannst du einen eigenen Slogan ausdrücken oder kurz, knapp und prägnant formulieren, worum es in deinem Podcast geht.

```
<itunes:subtitle>Der
t&#228;gliche Wetter-Podcast - auch bei Regen!</
itunes:subtitle>
```

Damit du als Autor des Podcasts identifiziert werden kannst, solltest du dich als Eigentümer eintragen.

```
<itunes:owner>
 <itunes:name>Dennis Horn</
itunes:name>
 <itunes:email>dennis@podcast-buch.de</itunes:email>
</itunes:owner>
```

Zusätzlich zum `<description>`-Element gibt es auch das `<itunes:summary>`-Element. Du kannst in diesem Element den gleichen Text wie bei der Beschreibung veröffentlichen. iTunes zieht sich aus diesem Element die Beschreibung zu deinem Podcast. Wenn du nicht den identischen Text im Podcast-Verzeichnis stehen haben möchtest, kannst du einfach einen anderen Text eintragen.

```
<itunes:owner>
 <itunes:name>Dennis Horn</
itunes:name>
 <itunes:e<itunes:
summary>T&#228;glich informieren Sie Dennis Horn
und Daniel Fiene &#252;ber
die aktuelle Wetterlage in
Deutschland. Sie schauen
auf die H&#246;chst- und
Tiefsttemperaturen und verraten Ihnen jeden Tag aufs
Neue, ob Sie den Regenschirm einpacken sollten.</
itunes:summary>mail>dennis@
podcast-buch.de</itunes:
email>
</itunes:owner>
```

Jeder Podcast in iTunes wird auch mit einem Albumbild beworben. Hier wird statt des `<image>`-Elements ein anderes Element benutzt, da iTunes eine andere Standardgröße verlangt. Du solltest ein 300 x 300 Pixel großes Bild für iTunes erstellen und es im JPEG- oder PNG-Format speichern. Sollte das `<itunes:image>`-Element nicht vorhanden sein, benutzt iTunes das normale `<image>`-Element. Achte darauf, dass dein Bild in der normalen Version, aber auch in einer verkleinerten Ansicht gut aussieht. In Suchergebnissen wird das Bild zu deinem Podcast verkleinert angezeigt.

```
<itunes:image href="http://
www.podcast-buch.de/wetter-
podcast/itunes-logo.jpg" />
```

Damit iTunes weiß, in welche Kategorien dein Podcast im Verzeichnis einsortiert werden kann, solltest du das `<itunes:category>`-Element benutzen. Es gibt in iTunes maximal drei Kategorieebenen. Nicht alle Kategorien haben Unterkategorien. Du kannst deinen Podcast bis zu drei Kategorien zuordnen. Du kannst auch die oberste Ebene als Kategorie auswählen. iTunes zeigt hier aber nur die Top 100 der Podcasts an – da müsste deiner also schon sehr populär sein. Deswegen empfiehlt es sich, konkretere Unterkategorien auszuwählen.

Du kannst deinen Podcast so einsortieren:

```
<itunes:category
text="Music" />
```

Bei einer Kategorie mit einem &-Zeichen im Text musst du den Namen so definieren:

```
<itunes:category text="TV
&amp; Film" />
```

Bei einer Unterkategorie solltest du wie folgt vorgehen:

```
<itunes:category
text="Society &amp; Cul-
ture">
<itunes:category
text="History" />
</itunes:category>
```

Wenn du mehrere Kategorien auswählen möchtest, kannst du dies so machen:

```
<itunes:category
text="Society &amp; Cul-
ture">
<itunes:category
text="History" />
</itunes:category>
```

```
<itunes:category
text="Technology">
<itunes:category
text="Gadgets" />
</itunes:category>
```

iTunes kümmert sich darum, sein Verzeichnis sauber zu halten. Damit Kinder vor unangemessenen Inhalten geschützt werden können, gibt es das `<itunes:explicit>`-Element. Du kannst das Element mit den Angaben **yes**, **no** und **clean** füllen. Wählst du **yes** aus, erscheint ein **explicit**-Zeichen neben deinem Podcast. Solltest du besonders auf die Inhalte geachtet haben, kannst du dieses Element auf **clean** stellen; dann erscheint im iTunes-Podcast-Verzeichnis ein Hinweis, dass dein Podcast für alle geeignet ist.

```
<itunes:explicit>clean</
itunes:explicit>
```

2. <item>-Elemente im RSS-Feed ergänzen

Für jede Podcast-Episode stellt iTunes dir weitere Elemente zur Verfügung, die du nutzen kannst. Auch hier gibt es zum Beispiel die Elemente `<itunes:subtitle>` und `<itunes:summary>`. Du kannst die Elemente genauso behandeln wie die `<channel>`-Unterelemente. An dieser Stelle solltest du aber genau auf die konkrete Episode eingehen. Du kannst für jede Episode auch einen Autor festlegen.

```
<itunes:author>John Doe</
itunes:author>
```

Damit im iTunes-Podcast-Verzeichnis die richtige Länge deiner Episode angezeigt wird, gibt es das <itunes:duration>-Element. Du kannst die Länge in HH:MM:SS (Stunden, Minuten, Sekunden), H:MM:SS (Stunden ohne führende Null, Minuten, Sekunden), MM:SS (Minuten und Sekunden) oder M:SS (Minuten ohne führende Null und Sekunden) eingeben. Du kannst auch einfach die Zahl der Sekunden eingeben.

```
<itunes:duration>7:04</
itunes:duration>
```

Sehr wichtig sind die Keywords zu deiner Episode. Du kannst für jede Episode bis zu zwölf Keywords definieren. Diese kannst du durch ein Komma trennen. Die Keywords sollten zu dem Inhalt deiner Episode passen, dann wird die Episode auch über die iTunes-Suchfunktion aufgefunden, wenn der Benutzer nach Podcasts sucht.

```
<itunes:keywords>wetter,
regen, sonne, sommer, win-
ter</itunes:keywords>
```

Jetzt hast du den RSS-Feed fertig ergänzt. Zur Sicherheit solltest du ihn noch einmal validieren, damit du ihn auf Fehler überprüfen kannst. Wie das funktioniert, kannst du in Kapitel 5 nachlesen (s. Seite 96).

3. iTunes aufrufen und das Podcast-Verzeichnis auswählen

Jetzt lohnt es sich, den RSS-Feed in iTunes anzumelden. Öffne iTunes, und wähle unter **Podcasts** das **Podcast-Verzeichnis** aus. Meistens befindet sich mitten auf der Titelseite ein großer Button mit der Aufschrift **Podcast publizieren**. Klicke auf diesen Button, um zum nächsten Schritt zu gelangen. Sollte der Button zurzeit nicht auf der Titelseite zu finden sein, gibt es ebenfalls einen Textlink **Podcast publizieren** in der linken Seitenleiste.

Button **Podcast publizieren** im iTunes-Podcast-Verzeichnis

4. Benutzer-Account auswählen

Bevor du deinen Podcast im Verzeichnis anmelden kannst, musst du dich einloggen. Normalerweise benötigst du den entsprechenden Zugang, wenn du Musik oder Filme herunterladen möchtest. Du brauchst dieses Konto zwar nicht, wenn du das Podcast-Verzeichnis nutzt und Podcasts abonnierst. Aber für die Bereitstellung von Podcasts verlangt Apple die Verknüpfung mit einem Konto. Apple möchte im Zweifelsfall Kontakt mit dir aufnehmen können, sodass eine

RSS-Feed bei iTunes eintragen

eindeutige Zuordnung nötig ist. Deine Kreditkarte wird aber nicht belastet: iTunes stellt dir die Veröffentlichung im Verzeichnis nicht in Rechnung! Wenn du noch kein iTunes-Konto hast, kannst du dich kostenlos registrieren. Anschließend geht es zur Überprüfung.

5. Podcast in iTunes anmelden
Im ersten Schritt gibst du jetzt die Podcast-Adresse zu deinem RSS-Feed an. Es folgt eine Überprüfung, ob dein Podcast-Feed erreichbar ist. iTunes überprüft die Inhalte, und sollten die Elemente `<language>`, `<itunes:category>` und `<itunes:explicit>` fehlen, wirst du gebeten, diese Einstellungen direkt im zweiten Schritt vorzunehmen. iTunes speichert diese Informationen jetzt ab.

Dein Podcast ist aber noch nicht automatisch im Verzeichnis zu sehen. Er wird erst durch einen Apple-Mitarbeiter geprüft. RSS-Feeds zu Testzwecken oder die, die gegen geltendes Recht verstoßen, werden abgelehnt. Du wirst per E-Mail benachrichtigt, sobald dein Podcast im Verzeichnis veröffentlicht wird. iTunes überprüft nun täglich einmal, ob es eine neue Episode deines Podcasts gibt. Die neue Episode wird dann automatisch in das Verzeichnis übernommen.

Podcast in anderen Verzeichnissen eintragen

Es gibt noch andere Verzeichnisse, in die du dich eintragen solltest. Es folgt eine Checkliste mit Kurzanleitungen.

podster.de

Scrolle auf der Startseite nach ganz unten. In der unteren blauen Fußleiste gibt es den Link **Eintragen**. Auf der folgenden Seite musst du nur die Adresse deines RSS-Feeds eintragen. Du solltest aber vorher prüfen, ob dein RSS-Feed nicht schon hinzugefügt worden ist. **podster.de** möchte Doppeleintragungen natürlich vermeiden. Außerdem nimmt **podster.de** nur deutsche Podcasts auf.

podcast.de

Bei **podcast.de** funktioniert die Anmeldung nach dem gleichen Prinzip. Hier heißt alles nur anders. Dein Podcast wird als **Sender** bezeichnet, weswegen du den Link **Sender hinzufügen** auf der Startseite auswählen musst. Du findest ihn in der Fußleiste; scrolle einfach die ganze Startseite herunter. Auf dieser Seite brauchst du auch nur die Adresse zu deinem RSS-Feed einzugeben.

dopcast.de

Ein etwas anderes Prinzip verfolgt dieses Verzeichnis. Du musst dich hierzu erst bei **dopcast.de** anmelden. Klicke auf den Link **Einstellen** – dieser befindet sich in der Hauptnavigation auf der Startseite. Auf der nächsten Seite musst du dich erst für einen Account bei **dopcast.de** registrieren – falls du nicht schon längst ein eigenes Log-in besitzt. Danach kannst du auch deinen Podcast anmelden.

Werbung durch Gastauftritte – das Online-Networking

Du hast dir sicher irgendwann eine Liste mit Lieblings-Podcasts aufgebaut, die du regelmäßig hörst. Hier gibt es auch eine gute Möglichkeit, um Werbung für deinen Podcast zu betreiben. Bevor wir aber auf die Online-Vernetzung eingehen, ein kleines Wort zur Vorsicht: Wenn du dich an andere Podcasts wendest, solltest du wirklich etwas zu sagen haben, einen netten oder interessanten Kommentar zum Beispiel.

Du musst dir die Messlatte für einen Beitrag auch nicht zu hoch legen, aber Beiträge, bei denen klar ersichtlich ist, dass es sich nur um Werbung handelt, werden nicht akzeptiert – auch wenn es nur Werbung für deinen Podcast ist. Du hast bestimmt einen tollen Podcast, den du jetzt allen zeigen möchtest. Aber das sollte nicht aufdringlich sein – auf Werbung reagieren im Internet viele allergisch. Du möchtest ja auch Hörer auf deine Web-Seite locken, die sich wirklich für dein Thema interessieren und nicht schon leicht gereizt vorbeischauen, weil die Werbung zu aufdringlich ist.

Mit der Zeit wirst du sehen, dass die kleine Online-Werbemaschinerie schon von alleine funktioniert. Gehe auf die Web-Seiten von Podcasts, die du gerne hörst, und mache in den Kommentaren kleine Anmerkungen. Trage auch die Internet-Adresse zu deinem Podcast ein. Du wirst sehen: Einige Besucher sind neugierig – selbst, wenn du in deinem Kommentar gar nicht für deinen Podcast wirbst.

Vielleicht ergibt sich auch die Möglichkeit, einen Gastauftritt in einem anderen Podcast zu absolvieren. Halte Augen und Ohren offen, ob andere Podcaster nicht eine Mitmach-Aktion anbieten. Es kommt öfters vor, dass einige ihre Hörer zum Beispiel um Audiokommentare bitten. Annik Rubens von **Schlaflos in München** (➲ schlaflosinmuenchen.com) zum Beispiel wünscht sich regelmäßig kleine Intros von ihren Hörern. Die Begrüßung überlässt sie also dir. Gut befreundeten Podcastern könntest du sogar vorschlagen, ob ihr nicht sogar mal eine komplette Episode gemeinsam aufzeichnet. Die könntet ihr dann über beide Feeds verteilen und macht so Werbung für eure beiden Projekte.

Du könntest in deinem Podcast aber auch eine Rubrik oder einen Aktion starten und dazu selbst andere Podcaster einladen. In **150 Fragen in Sachen Podcasts** (➲ podcasting.fm) haben wir andere Podcaster interviewt und gefragt, wie sie ihre Podcasts aufzeichnen, welche Programme sie nutzen und welche Hardware sie sich gekauft haben. Die Grundidee war, dass die Hörer sehen sollen, wie viele unterschiedliche Möglichkeiten es bei der Podcast-Produktion gibt. Und so kam auch ein netter Nebeneffekt zustande: Einige der vorgestellten Podcaster haben in ihren Blogs die **150 Fragen in Sachen Podcasts** verlinkt. So sind einige ihrer Hörer auch auf unseren Podcast aufmerksam geworden.

An der Online-Vernetzung kannst du ständig arbeiten. Jeder Kommentar, jeder gegenseitige Link und jeder Gastauftritt sind jeweils ein kleiner Schritt. Insgesamt wirken diese Maßnahmen, und dein Podcast wird stetig neue Hörer haben.

Werbung im wirklichen Leben – das Offline-Networking

Nichts ist spannender als das wirkliche Leben. Spätestens wenn sich die Frage stellt: Wie sieht der Podcaster oder die Podcasterin eigentlich aus, die ich die ganze Zeit höre? Es gibt verschiedene Gelegenheiten, andere Podcaster zu treffen. Dann kannst du dich mit anderen austauschen, über Lieblingsepisoden sprechen, aber auch Probleme diskutieren, die es in der Podcast-Welt gibt.

Um die Interessen der deutschen Podcast-Szene zu vertreten, hat sich der Podcastverband (➲ **podcastverband.de**) gegründet. Er wirbt mit dem Slogan **Wir sind die Sender**, und hinter ihm stecken Podcaster der ersten Stunde, die die Öffentlichkeit für das Thema sensibilisieren möchten. Der Vorsitzende Thomas Wanhoff (➲ **wissenschaft.wanhoff.de**) und sein Team setzen sich zum Beispiel für die Anerkennung von Podcasts bei der GEMA ein, damit die rechtlichen Fragen, was die Musiknutzung angeht, endgültig geklärt sind. Du kannst dich in diesem Verband auch engagieren und mithelfen, die Podcast-Szene bekannter zu machen.

Vielleicht fragst du dich: Warum brauchen wir überhaupt einen Verband bei so einer modernen Kommunikationsform? Alleine fürs Internet wird ein Verband sicherlich nicht benötigt – auch nicht, weil es Spaß macht, noch einen Verein zu gründen. Es geht um die Außenwirkung. Bei öffentlichen Einrichtungen findet man viel leichter Gehör, wenn man als Verband anfragt und nicht lediglich als lose Gruppe von Podcastern aus dem Internet.

Der Podcastverband hat unter anderem maßgeblich den Podcastday (➲ **podcastday.de**) mitgestaltet, der im Rahmen des Medienforums NRW im Mai 2006 stattgefunden hat. Einen ganzen Tag lang gab es viele Diskussionsrunden, um über die verschiedensten Themen zu sprechen. Die bekanntesten Podcaster aus Deutschland waren nach Köln gekommen um teilzunehmen, aber auch einige internationale Podcaster haben an diesem Kongress teilgenommen. Viele Podcaster sind gekommen, um andere kennenzulernen, sich auszutauschen und um auch etwas Werbung für den eigenen Podcast zu machen. Auf der Web-Seite des Podcastverbandes kannst du dich informieren, wann der nächste Podcastday stattfindet. Wenn es dir möglich ist, lohnt sich ein Besuch dieser Veranstaltung. Solltest du neugierig auf die Diskussionen sein, kannst du die einzelnen Programme auch als Podcast auf der Homepage des Podcastdays nachhören.

Es gibt noch eine weitere große Gruppe, die sich für die Interessen der Podcast-Szene einsetzt: der Podcastclub (➲ **podcastclub.de**). Dieser Verband wird unterstützt von eco, dem Verband der Deutschen Internet-Wirtschaft. Auf seiner Web-Seite bietet der Podcastclub nicht nur aktuelle Nachrichten aus der Podcast-Szene, sondern auch ein großes Archiv an gesammeltem Wissen. Du kannst Mitglied im Club werden und dich so auch ein wenig engagieren. Das hätte für dich den Vorteil, dass du günstiger auf den Podcast-Kongress (➲ **podcast-kongress.de**) kommst. Auch diese Veranstaltung findet einmal im Jahr statt. Der Podcast-Kongress trennt jedoch zwischen professionellen und privaten Besuchern. An einem Tag werden Themen rund um kommerzielle Podcast-Projekte diskutiert, und am zweiten Tag richtet sich das Programm an private Podcaster. Um viele andere Podcaster zu treffen, lohnt sich der Besuch.

Im Rahmen des Podcast-Kongresses wird auch der Deutsche Podcast-Award (➲ **podcast-award.de**) verliehen. Hierbei handelt es sich um einen Jury- und einen Publikumspreis. Auf der Homepage kannst du dich über die aktuellen Kategorien und Nominierungen informieren. Du kannst auch über die Preisträger der letzten Jahre nachlesen. Vielleicht magst du deinen Podcast auch für diesen Award vorschlagen. Besuche die Web-Seite regelmäßig, um die Nominierungsphase mitzubekommen. Schon alleine die Nominierung dürfte dir so manche neue Besucher bringen.

Im Januar 2007 hat außerdem das erste deutsche Podcamp (➲ **podcamp.de**) stattgefunden, eine so genannte Barcamp-Veranstaltung, die sich natürlich mit Podcasts beschäftigt. Barcamps sind keine richtigen Konferenzen; man müsste sie eher als Anti-Konferenzen bezeichnen. Es gibt vorher kein festes Programm, zu Beginn des Tages existieren nur die Zeitpläne für freie Slots. Alle Teilnehmer sind eingeladen, Ideen und kleine Beiträge beizusteuern. So entsteht am jeweiligen Morgen des Podcamps ein Programm – eine Mischung aus kleinen Vorträgen und Podiumsdiskussionen. Jeder ist aufgefordert, seinen Teil dazu bei zu tragen. Das erste deutsche Podcamp fand in Berlin statt und ist von Fabio Bacigalupo (➲ **podcast.de**) organisiert worden. Die Teilnehmer haben in ihren Blogs die Veranstaltung hinterher sehr gelobt. Halte also einfach die Podcamp-Web-Seite im Auge, um über künftige Podcamps informiert zu werden.

Zum Abschluss sei dir noch einmal ➲ **wiki.podcast.de** empfohlen, und hier insbesondere der Eintrag **Neues aus der Szene**. In diesem Eintrag findest du regelmäßig neue Ereignisse, und wichtige Treffen werden hier auch in der Regel aufgeführt. Dann verpasst du keinen Termin, den du vielleicht nutzen möchtest, um auch in der **echten** Welt Kontakt mit anderen Podcastern herzustellen.

7 Rechtliche Aspekte

Podcasts sind oft kleine Radioshows, und deshalb liegt es nahe, darin auch Musik einzusetzen. Vielleicht möchtest du dem Hörer ein paar kleine Verschnaufpausen bieten, vielleicht möchtest du aber auch einen reinen Musik-Podcast moderieren. Dann bitte Vorsicht!

Musik in Podcasts

Du kannst nicht einfach jedes x-beliebige Lied in deinem Podcast spielen – das wäre ja so, als würdest du es zum Download als MP3-Datei auf deine Homepage stellen. Dass das verboten ist und die Plattenfirmen durch solche illegalen Download-Angebote im Netz in die Krise geraten sind, weiß mittlerweile jeder.

Das Problem mit der GEMA

Musik von deinen CDs oder von Download-Angeboten wie iTunes oder Musicload ist in aller Regel GEMA-geschützt. Wenn du sie spielen möchtest, musst du dafür Gebühren an die GEMA abführen. Diese bietet einen speziellen Podcaster-Tarif an, der allerdings so unglücklich geraten ist, dass die meisten Podcaster liebend gerne darauf verzichten. Du solltest dich also von dem Gedanken lösen, in deinem Podcast die neuen Singles von Robbie Williams, Bernhard Brink oder Knorkator in voller Länge ausspielen zu können. Weiche stattdessen einfach auf freie Musik aus, die so genannte Podsafe Music. Du glaubst nicht, wie viele Perlen es da zu finden gibt.

Was ist die GEMA?

Die GEMA ist die Gesellschaft für musikalische Aufführungs- und mechanische Vervielfältigungsrechte. Angenommen, du bist Musiker und möchtest Geld dafür bekommen, wenn ein Radiosender dein Lied spielt. Dann meldest du dich einfach bei der GEMA an. Die vertritt dich dann zum Beispiel gegenüber Radiosendern, Konzert- oder Partyveranstaltern, aber auch im Internet. Wer GEMA-geschützte Musik benutzt, muss für alle gespielten Lieder Gebühren abführen, die dann am Ende bei den Künstlern landen. So musst du als Künstler nicht mit jedem einen Vertrag abschließen, sondern nur einen einzigen mit der GEMA. Musik von Künstlern, die von der GEMA vertreten werden, nennt man GEMA-geschützte Musik. Im Grunde zählt dazu alles, was du im Laden kaufen kannst.

Der Podcast-Tarif der GEMA

„Ich will aber echte Musik in meinem Podcast spielen!" – Das ist ein Problem, denn die GEMA will dann Geld sehen. Sie bietet einen speziellen Podcast-Tarif an (➲ **gema.de/musiknutzer/senden/podcast.shtml**), der allerdings nur gilt, wenn …

- … dein Podcast höchstens täglich erscheint

- … du privat podcastest und damit weniger als 300 Euro im Monat verdienst.
- … die Episoden kürzer als 30 Minuten sind.
- … du zum Beginn und zum Ende auf die Lieder draufquatschst.
- … du die Lieder nur höchstens bis zur Hälfte spielst.
- … höchstens drei Viertel deines Podcasts aus Musik bestehen.
- … du nicht nur einen Künstler spielst und Interpreten und Musiktitel in den Beschreibungen oder Bezeichnungen der einzelnen Episoden nicht nennst.

Das ist nur ein Auszug dessen, was du erfüllen musst, wenn du GEMA-geschützte Musik in deinem Podcast spielen möchtest. Podcaster schimpfen auf diesen Tarif, der dich zwischen 5 und 30 Euro monatlich kostet. Deshalb ist bisher die Resonanz darauf diplomatisch gesagt auch äußerst gering.

Eins solltest du außerdem wissen, wenn du die GEMA-Lizenz nutzen möchtest: Die GEMA vertritt nur die Rechte der Künstler. An der Musik haben aber auch andere ihre Rechte. Die Plattenfirma oder die Songwriter zum Beispiel. Diese werden nicht von der GEMA vertreten, sondern von der GVL, der Gesellschaft zur Verwertung von Leistungsschutzrechten. Die GVL bietet derzeit noch keinen Podcast-Tarif an. Damit müsstest du dich – streng rechtlich gesehen – direkt an die Tonträgerhersteller wenden. Abgesehen davon könnte die GVL auch jederzeit mit einem Tarif um die Ecke kommen. Theoretisch ist es dann möglich, dass sie eine Nachzahlung von dir verlangt. Notiere dir also genau, welche Songs du gespielt hast. Oder du holst dir nur bei der GEMA die Lizenz und singst einfach selbst. Wenn du gut singen kannst …

Die Lösung: Podsafe Music

Bei Podsafe Music handelt es sich um Musik, die eben nicht GEMA-geschützt ist, sondern meistens unter der so genannten Creative-Commons-Lizenz veröffentlicht wurde. Diese Musik darfst du kostenlos einsetzen; die meisten dieser Werke sind für alle Zwecke freigegeben, einige stehen auch nur Podcastern frei zur Verfügung, und Radiosender müssen trotzdem Gebühren zahlen. Der Vorteil für die Künstler: Sie können das Netz dazu nutzen, populär zu werden, geben aber nicht die Möglichkeit aus der Hand, mit ihrer Musik am Ende auch richtig Geld zu verdienen.

PodShow podsafe Music Network

Beim PodShow podsafe Music Network können sich Künstler und Podcaster einloggen. Wenn du auf **Podcasters Register** klickst, musst du dafür relativ viele Dinge über dich preisgeben, hast danach aber Zugriff auf ein riesiges Archiv freier Musik.

Du kannst die Top Ten der meistgehörten, am meisten in Podcasts gespielten oder am besten bewerteten

Kapitel 7 – Rechtliche Aspekte

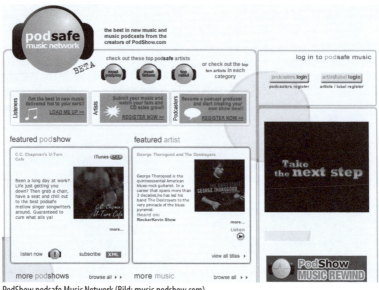

PodShow podsafe Music Network (Bild: music.podshow.com)

Titel hören oder im Musikarchiv auf die Suche gehen. Die Titel, die dir gefallen, kannst du in einer Playlist speichern und danach gesammelt herunterladen. **Wichtig:** Über jeden gespielten Titel musst du eine Rückmeldung geben. So wissen aber wenigstens die Künstler, wann ihre Songs in welchem Podcast gelaufen sind.

GarageBand.com

Beim Portal **GarageBand.com** – das nichts mit dem Podcasting-Programm von Apple zu tun hat – findest du in erster Linie freie Musik; du solltest vorher aber genau schauen, ob sie auch wirklich podsafe ist. Alle Titel sind sortiert nach Bewertungen der Besucher und aufgeteilt in über hundert verschiedene Kategorien. Zu je-

Playlist mit gesammelten Titeln (Bild: music.podshow.com)

Kapitel 7 – *Rechtliche Aspekte*

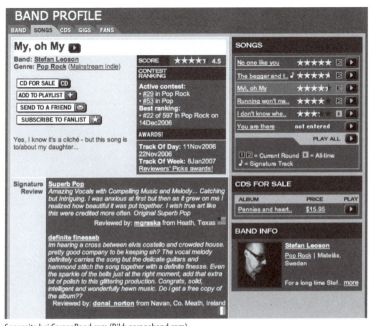

Songseite bei GarageBand.com (Bild: garageband.com)

dem einzelnen Lied gibt es eine Seite mit Kritikern und ausführlichen Infos zum Künstler. Ähnlich wie beim Pod-Show podsafe Music Network kannst du dich bei **GarageBand.com** anmelden und danach eine Playlist zusammenstellen und herunterladen.

Extrem angenehm sind die Übersichtsseiten für die einzelnen Musikrichtungen mit den jeweiligen Top Ten, mit denen du schnell und einfach in den riesigen Pool an freier Musik eintauchen kannst.

AudioFeeds.org

Eine interessante Variante, an Podsafe Music zu kommen, findest du bei AudioFeeds.org. Die Seite besteht aus einem Verzeichnis lauter Podcasts. Abonnierst du diese Podcasts, bekommst du neue Musiktitel regelmäßig direkt auf deinen Rechner geliefert, die du unter

Übersichtsseite Jazz (Bild: garageband.com)

133

AudioFeeds.org (Bild: audiofeeds.org)

der Creative-Commons-Lizenz frei verwenden darfst, solange du den Urheber nennst. Du musst dich also nur auf deine Musikrichtung und die darin interessanten Podcasts festlegen und kannst neue Musiktitel dann ganz einfach über deinen Podcatcher abonnieren.

ccMixter

Bei ccMixter (➲ ccmixter.org) kommst du nicht nur an freie Musik, du kannst dir auf dieser Seite auch einzelne Samples in einem speziellen Browser zusammenstellen – sortiert nach Musikrichtung, Geschwindig-

keit (BPM) und Nutzungslizenz. Diese Samples lädst du herunter, kannst sie mixen und als neuen Track wieder hochladen. Wenn sich dein Podcast mehr im Bereich **DJing/Mixing** be-

Samplebrowser (Bild: ccmixter.org)

wegt oder du Soundmaterial für Jingles oder andere Zwecke benötigst, wirst du hier bestimmt fündig.

Weitere Quellen

Hier eine Liste weiterer Angebote im Netz, über die du an Podsafe Music kommst. Du solltest allerdings vorher immer genau nachschauen, ob der Song, der dir so gut gefällt, wirklich zur Verwendung freigegeben ist. Wenn nicht: Manchmal hilft auch eine kurze, nette E-Mail an die Band, und sie macht eine Ausnahme für dich.

- jamendo.com
- macjams.com
- mp3.de
- myownmusic.de
- myspace.com
- podsafeaudio.com
- starfrosch.ch
- uptrax.de

Was ist die Creative-Commons-Lizenz?

Besonders die Kreativen im Internet sind unzufrieden mit dem Urheberrecht. Die Musik ist nur ein Beispiel dafür, denn das Urheberrecht hat zwei Extrempunkte: Entweder es gibt die totale Kontrolle, wie es bei GEMA-geschützter Musik durch die Plattenfirmen der Fall ist, oder es werden gar keine Urheberrechte beansprucht. Viele Künstler möchten aber an den richtigen Stellen Geld mit ihren Liedern verdienen, sind

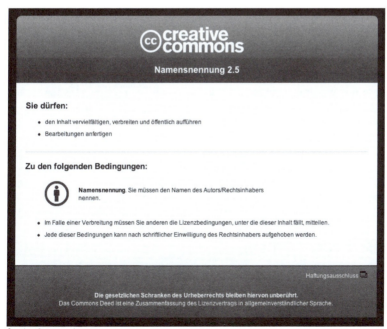

Creative-Commons-Lizenz

Lizenzwahl

Mit einer Creative Commons-Lizenz können andere Ihren Inhalt vervielfältigen und verbreiten – vorausgesetzt, Sie werden als Rechtsinhaber genannt. Unter welchen ausschließlichen Bedingungen andere Ihren Inhalt darüber hinaus nutzen können sollen, legen Sie selber hier fest. Wollen Sie:

Kommerzielle Verwertung erlauben? (Info)
- Ja
- Nein

Bearbeitung Ihres Inhalts zulassen? (Info)
- Ja
- Ja, solange andere die gleichen Lizenzbedingungen verwenden (Info)
- Nein

Rechtsordnung, unter der Ihr Lizenzvertrag fällt (Weitere Informationen)
[Deutschland]

Welches Format hat Ihr Inhalt?
[Sonstiges]

[Lizenzvertrag auswählen]

Lizenzgenerator

allerdings auch bereit, sie anderen frei zur Verfügung zu stellen.

Creative Commons (➲ **creativecommons.org**) versucht, diese Gratwanderung zu schaffen. Auf der Homepage des Projektes kann man sich kostenlos eine Creative-Commons-Lizenz für seine Werke erstellen. Wenn du Podsafe Music herunterlädst, steht sie oft unter einer solchen Lizenz, die es dir zum Beispiel erlaubt, die Lieder weiterzuverbreiten oder zu bearbeiten. Zum Teil gibt es aber die Einschränkungen, dass du kein Geld damit machen darfst und den Namen des Künstlers nennen musst.

Achte deshalb immer darauf, unter welcher Lizenz die Lieder stehen, die du herunterlädst. Wenn du sie in deinem Podcast einsetzen möchtest, ist es auch oft so, dass du deinen Podcast unter dieselbe Lizenz stellen musst.

Die großen Verbote

Was wäre es schön, wenn man immer machen dürfte, was man will. Das geht natürlich nicht – auch nicht beim Podcasten. Denn was du aufnimmst und ins Netz stellst, können theoretisch mehr Menschen hören als die Tagesschau Zuschauer hat. An dieser Stelle ein paar wichtige Dinge für den Hinterkopf.

Verboten: fremdes Material

Material von Dritten ist für deinen Podcast erst einmal verboten – außer, es steht unter einer Creative-Commons-Lizenz. Wie für die Musik gilt auch für alles Andere: Selbst wenn du Werbung zum Beispiel für Hörbücher oder Filme machen möchtest, hast du nicht automatisch das Recht dazu, Ausschnitte daraus zu spielen. Es geht das Gerücht herum, alles unter 30 Sekunden dürfe man frei benutzen. Das ist allerdings auch nicht mehr als ein Gerücht. Erlaubt ist es allerdings, im Rahmen des Zitatrechts geschütztes Material in kleinen Schnipseln einzufügen. Du darfst diese Schnipsel aber nur dazu nutzen, eigene Aussagen zu untermauern. Die Schnipsel dürfen nur so lang sein, wie es dafür notwendig ist, und du musst natürlich die Quelle und den Urheber angeben. Setzt du dich darüber hinweg, kann es teuer werden. Wenn du erst beim Rechteinhaber nachfragst, kannst du auch Glück haben und darfst längere Ausschnitte spielen. Für GEMA-geschützte Musik gibt es wie schon erwähnt ein spezielles Gebührenmodell der GEMA.

Verboten: Beleidigungen

Dass rechtsradikales, pornografisches oder anderes Material, das rechtswidrig ist, nichts in deinem Podcast zu suchen hat, ist logisch. Wichtig ist auch: Du solltest vorsichtig werden, wenn es um Dritte geht. Was für dich treffsichere Kritik ist, ist für andere vielleicht schon eine knallharte Beleidigung. Sage vorher auf jeden Fall, dass es sich um deine Meinung handelt. Oder bewege dich im Konjunktiv. „Fiene und Horn sind Vollidioten" ist wenig geschickt. Wenn schon: „Ich **meine**, Fiene und Horn sind Vollidioten" oder „Kritiker behaupten ja, Fiene und Horn **seien** Vollidioten." Ob dich das dann trotzdem schützt, ist eine andere Frage. Du bist auch als Podcaster zu journalistischer Sorgfalt verpflichtet, und das heißt, dass du im Extremfall auch eine Gegendarstellung senden musst.

Verboten: verfälschte Interviews

Wenn du Interviews in deinem Podcast ausstrahlst, gibt es zwei wichtige Regeln: Du darfst die Antworten deines Gesprächspartners nicht so umschneiden, dass seine Antworten einen völlig anderen Sinn ergeben, und dein Gesprächspartner muss überhaupt erst einmal damit einverstanden sein, dass du das Interview veröffentlichst. Geheime Mitschnitte sind deshalb tabu, ebenso Mitschnitte von Telefonstreichen – außer natürlich, du klärst dein Opfer danach über alles auf, und es kann mitlachen. Sonst: Finger davon lassen!

Verboten: Schleichwerbung

Werbung ist Werbung. Wenn du irgendwann einmal groß wirst mit deinem Podcast, ergibt sich vielleicht die eine oder andere Möglichkeit, für eine Gegenleistung Werbung in deinem Podcast unterzubringen. Hier gilt für dich wie für alle anderen Medien auch: Werbung musst du als solche kenntlich machen. Auch im Podcast ist Schleichwerbung verboten. Du findest in Kapitel 10 (s. Seite 151) ein paar Tipps dazu, wie du vorgehen kannst, wenn du Werbung in deinen Podcast einbauen möchtest.

Impressumspflicht

Wenn du einen Podcast veröffentlichst, betreibst du laut Gesetz einen so genannten Mediendienst. Deswegen gilt für dich der Mediendienstestaatsvertrag, und der sagt: Du benötigst ein Impressum, musst also sagen, wer du bist und wie du zu erreichen bist. Das soll es etwas einfacher machen, dich direkt zu packen, wenn etwas schief läuft, du zum Beispiel gegen Urheberrechte verstößt oder Dritte verleumdest. Wir hoffen natürlich, dass dir das nach dem Lesen dieses Kapitels nie passiert.

Üblicherweise gehören in ein Impressum deine Adresse, deine Telefonnummer und deine E-Mail-Adresse. Der Mediendienstestaatsvertrag allerdings kennt bisher nur Homepages und noch keine Podcasts. Bietest du also nur einen nackten Podcast zum Beispiel über iTunes an, befindest du dich in einer Grauzone, für die es bisher noch keine Gerichtsurteile gibt. Du solltest trotzdem in den ID3-Tags deiner MP3-Datei zumindest deine E-Mail-Adresse angeben; allerdings: je mehr Angaben du machst, die auch

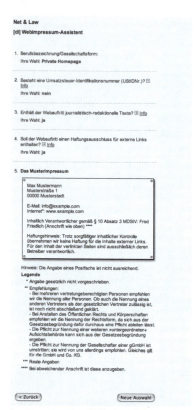

Impressumsgenerator (Bild: digi-info.de/de/netlaw/webimpressum/assistent.php)

in das Impressum einer Homepage gehören, desto besser.

Eine gute Möglichkeit, zu einem Impressum für deinen Podcast und die möglicherweise dazugehörige Homepage zu kommen, ist der Impressumsgenerator der **Internetagentur [di] digitale informationssysteme**. Dort kannst du zunächst deine Berufsbezeichnung auswählen – als Podcaster fällst du meistens in die Kategorie „Freiberufler" oder „Private Homepage". Die Frage, ob dein Web-Auftritt journalistisch-redaktionelle Texte beinhaltet, musst du höchstwahrscheinlich mit „ja" beantworten – das gilt für die meisten Podcaster und Blogger, denn streng genommen betreibst du Journalismus.

Zum Schluss fragt dich der Impressumsgenerator danach, ob du einen Haftungsausschluss für externe Links einbauen möchtest. Dazu raten wir dir, wenn du deinen Hörern und Lesern des Begleit-Blogs regelmäßig andere Web-Seiten empfiehlst. Ob dir das hilft, wenn diese Homepages illegale Inhalte haben und dir jemand deshalb an den Kragen möchte, ist in der deutschen Rechtsprechung noch nicht abschließend geklärt. Aber drei Zeilen mehr in deinem Impressum schaden ja nicht.

Hast du alle Fragen beantwortet, spuckt dir der Impressumsgenerator ein Musterimpressum aus, in das du deine persönlichen Daten einsetzen kannst. Wenn du unter 18 Jahre alt bist, musst du dir allerdings noch jemanden suchen, den du als inhaltlich Verantwortlichen benennst. Denn wer an dieser Stelle im Impressum steht, muss volljährig und strafrechtlich verfolgbar sein.

8 i-Tüpfelchen: Tipps vom Radioma-

Jetzt sprechen wir einmal kurz als die Radiomacher. Du bist schon ziemlich weit gekommen, wenn du an dieser Stelle im Buch angekommen bist. Du hast die Routine beim Aufnehmen, du schneidest deine Aufnahmen möglicherweise schon so perfekt, dass man keinen Schnitt hört, und vielleicht schaffst du es sogar schon innerhalb von Minuten, eine RSS-Datei für iTunes zusammenzubasteln und hochzuladen. Dann perfektionieren wir deinen Podcast jetzt. Wären wir bei Apple, würden wir sagen: Wir verpassen ihm das i-Tüpfelchen.

Richtig sprechen, moderieren und interviewen

Als wir unsere ersten Podcasts aufgenommen haben, war das bei unseren Eltern zu Hause – immer abends, immer mit jemandem um uns herum und immer so, dass nicht gerade viel Kreativität aufkam. Vor allem war es uns damals dermaßen peinlich, vor unseren Eltern in ein Mikrofon zu sprechen, dass es einfach nicht gut lief. Richtig sprechen will gelernt sein, denn viele schalten gedanklich um und sprechen nicht mehr ihre eigene Sprache, sobald sie vor einem Mikrofon sitzen. Also zeigen wir dir, worauf du von Anfang an achten solltest. Der Rest kommt mit der Routine.

Podcasts werden gehört, nicht gelesen

Eigentlich eine Selbstverständlichkeit. Aber wenn du genauer hinhörst: Nicht alle halten sich an diesen Leitsatz. Du machst den Podcast, damit ihn Menschen hören. Also sprich auch so, dass sie dich verstehen. Das sollte fortan immer deine erste Regel sein. Sonst nimm lieber keinen Podcast auf; stell deine Texte lieber direkt in ein Weblog. Abgelesenes hat nichts in einem Podcast zu suchen, zumindest nicht, wenn man hört, dass es abgelesen ist. Das ist schnell dann der Fall, wenn du mit Nebensätzen und Einschüben nur so um dich wirfst – wozu man beim Schreiben schnell neigt. Wenn du frei sprichst und die Gabe hast, trotzdem alles verständlich zu machen – perfekt. Viele Probleme umgehst du auch, indem du dir einfach Stichworte statt eines kompletten Textes in der richtigen Reihenfolge notierst. Ansonsten lautet die Devise: Schreiben fürs Hören!

Weniger ist mehr! Mach deine Sätze so kurz wie möglich. Die meisten Menschen können sich Sätze von über zehn Sekunden Länge einfach nicht merken. Gut zehn Wörter, mehr nicht; dann versteht dich jeder. Hast du lange Sätze, unterteile sie. Schachtelsätze und Einschübe sind tabu, weil man am Ende schon längst vergessen hat, worum es eigentlich ging. Einfache Nebensätze solltest du aber trotzdem dosiert einsetzen. Lauter kurz und klein gehackte Sätze hintereinander klingen schließlich auch wieder komisch. Ein einfacher Leitsatz: pro Gedankengang ein Satz!

Verben, Verben, Verben! Verben prägen sich ein, denn sie wirken wie Bilder. Durch sie klingt dein Text auch nicht künstlich konstruiert, sondern frei gesprochen. Benutze Verben und vermeide Substantive, wo es nur geht. Dein Text wird außerdem kürzer, wenn du Verben nur aktiv formulierst, und nicht passiv. Ein schlimmes Beispiel: „Im Bundestag wurde mit den Stimmen von CDU und SPD das Gesetz zum Nichtraucherschutz in Restaurants verabschiedet." Besser: „CDU und SPD haben im Bundestag entschieden, dass man in Restaurants bald nicht mehr rauchen darf."

Schlimme Wörter streichen! Füllwörter gehören aus deiner Moderation raus. Außer, du moderierst frei und brauchst mal ein Wort, um die Leere in deinem Kopf zu überbrücken. Noch wichtiger ist: Fremdwörter sind und bleiben Fremdwörter. Nur wenn du einen Podcast über Biologie aufnimmst, sind Worte wie Leukolysin oder Phagozytose erlaubt. Du begibst dich nicht auf ein minderes Niveau herab, nur weil du Dinge einfacher formulierst.

Zahlen vereinfachen! Bei Zahlen ist Vorsicht angebracht. Wenn du in einem deiner Texte damit jonglieren musst, solltest du dich vorher fragen, welche dieser Zahlen du überhaupt brauchst. Danach überprüfe jede Zahl, ob du sie nicht vereinfachen kannst. 482.600 Äpfel zum Beispiel sind auch mehr als 480.000 Äpfel. 51% aller Kanadier sind auch mehr als die Hälfte, 64% der Computernutzer sind knapp zwei Drittel.

Hast du deinen Text fertig? Dann lies ihn noch mal und frage dich dabei: Würde ich es so, aber genau so, auch einem Freund erzählen – und zwar frei, ganz ohne Textvorlage? Jede Stelle, über die du bei diesem Gedanken stolperst, solltest du dringend noch einmal überarbeiten.

Authentizität als Moderator

Du bist als Moderator eine Persönlichkeit. Du bist kein Ansager. Ansager gibt es bei der Tagesschau. Bleibe du selbst, und lasse dich von nichts und niemandem beeinflussen – erst recht nicht vom „echten Radio". Das Wundervolle am Podcasten ist doch, dass du hier alle Möglichkeiten hast. Also begib dich bloß nicht in die Rolle irgendeines Moderators, wie du ihn aus dem Radio kennst.

Tatsächlich ist genau das die schwierigste aller Aufgaben, schließlich ist es keine normale Gesprächssituation, wenn du moderierst. Selbst gestandene Radiomoderatoren arbeiten nach Jahren noch daran, so zu klingen, wie sie sind. Sie versuchen, „die Schichten der Verfremdung abzulegen". Das trifft es auf den Punkt: Viele schalten um, sobald sie ein Mikrofon vor sich haben. Sie versuchen, extra gut zu klingen, und peng – geht der Schuss nach hinten los. Dann hört es sich an, als seien sie frisch aus dem Ansagerhäuschen am

Autoscooter eingeflogen worden. Das Schlimmste: Je länger du dich am Mikrofon schon verstellst und in eine Rolle begibst, desto schlechter bekommst du diese Rolle wieder aus dir rausgeprügelt.

Es wirkt vielleicht etwas albern, aber es ist ein guter Tipp, der funktioniert: Hänge dir mit Tesafilm ein Foto an den Monitor, das einen guten Freund von dir zeigt. Alles, was du mit deinem Podcast aufnimmst, erzählst du ihm. Stelle dir einfach vor, wann und wie die Leute deinen Podcast hören. Da ist zum Beispiel jemand mit dem iPod in der Straßenbahn unterwegs zur Arbeit. Der möchte nicht den Mann am Autoscooter hören, der jedes Wort extra schön betont und sich selbst am liebsten zuhört. Dieser Mensch möchte jemanden hören, der sich mit ihm unterhält. Wer deinen Podcast hört, der ist in diesem Moment meistens mit dir allein. So solltest du dich anhören. Wenn dich jemand bittet, ihm etwas mit deiner tollen Stimme aus dem Podcast zu erzählen, sollten bei dir alle Alarmglocken schrillen.

Du hilfst dir selbst auch, wenn du gedanklich das mitverfolgst, was du gerade sagst. Voraussetzung dafür ist, dass du frei sprichst oder dir deinen Text fürs Hören geschrieben hast. Dann hast du meistens auch selbst Zeit, dir die richtigen Bilder im Kopf zu schaffen, während du liest. Wenn du beim Sprechen an das denkst, worüber du sprichst, sprichst du meistens schon ganz anders als beim einfachen Ablesen.

Verbessern kannst du dich nur, wenn du deinen Podcast auch regelmäßig selbst hörst – und zwar kritisch! Beim Radio nennen wir das einen Aircheck, und nur damit weißt du, woran du selbst noch arbeiten kannst.

Königsdisziplin Doppelmoderation

Beim Radio gilt nichts als so schwierig wie die Doppelmoderation. In den schlimmsten Fällen treffen da zwei Profilneurotiker aufeinander, von denen einer schneller und der andere noch schneller seine Gags raushauen will. Und in immer noch genug Fällen treffen da zwei Moderatoren aufeinander, die nicht richtig aufeinander eingeschossen sind. Die Doppelmoderation gilt nicht umsonst als Königsdisziplin. Wenn du mit Begleitung podcastest, dann solltet ihr euch zuallererst einmal gut verstehen. Das ist die Grundvoraussetzung. Theoretisch muss der Blick des einen genügen, damit der andere weiß, was er zu tun hat. Damit nichts schief geht und auch eure Witze funktionieren, sofern ihr denn welche machen möchtet, legt euch immer einen kleinen Leitfaden bereit, ein Drehbuch der Themen und Aspekte, an denen ihr euch entlanghangeln wollt. Dann kann schon nicht mehr ganz so viel schief laufen.

Stimme und Sprache

Wenn du versuchst, am Mikrofon du selbst zu sein, ist schon viel erreicht. Hinter jeder Moderation steckt aber nicht nur deine Art, sondern auch deine Stimme. Sie ist extrem wichtig, denn genau sie ist es, über die sich die Hörer einen Eindruck von dir machen. Ein Teil davon ist einfach Geschmackssache: Mit Stimmen verbindet man Eigenschaften, und findet ein Hörer deine Stimme zum Beispiel arrogant, mag er den Podcast nicht. Da kannst du nicht viel machen; vor allem aber solltest du dir daraus nicht viel machen! Die Menschen im Netz kennen dich nicht. Selbst, wenn deine Stimme für einige arrogant klingt, wenn sie dich nicht sehen: Du bist nicht arrogant.

Es ist auch nicht schlimm, wenn du deine Stimme nicht perfekt findest. Die perfekte Stimme besitzt kaum jemand. Erstens bist du viel zu selbstkritisch, und selbst, wenn sie nicht perfekt ist: Wenn du deine Stimme nutzt, um persönlich mit den Hörern zu sprechen, werden sie dich lieben. Werde mal leiser, mal lauter, langsam und schnell, spreche höher oder tiefer, betone das eine und das andere nicht, und spiele mit deiner Stimme. Auch Pausen kannst du nutzen, um etwas zu betonen – oder einfach, um Versprecher zu vermeiden. Selbst wenn du nicht am Mikrofon sitzt: Probiere hin und wieder ein paar Dialekte aus, sing im Auto laut mit, imitiere Politiker oder posaune wilde Geräusche raus. So trainierst du deine Stimme immer aufs Neue.

Wirklich perfekte Ergebnisse bekommst du natürlich nur, wenn du dir einen Stimm- und Sprachtrainer nimmst. Fürs Podcasten ist das etwas übertrieben; wenn du auf die wichtigsten Dinge achtest, kommst du auch so schon recht weit.

Markiere den Text! Wenn du mit einer Textvorlage arbeitest, kannst du dir bestimmte Stellen markieren. Unterstreiche Worte, wenn du sie betonen möchtest – gehe damit allerdings nur sehr sparsam um! Wo wirst du lauter und leiser? Wo schneller und langsamer? Pausen sind ein tolles Mittel, um deinen Text zu strukturieren. Ziehe einfach eine senkrechte Linie an den Stellen, an denen du eine kurze Pause machen möchtest, zum Beispiel da, wo ein neuer Gedanke beginnt.

Befolge die Aussprache-Regeln! Wörter, die auf **-ig** enden, werden mit **-ich** beendet. Es heißt also **Könich**, nicht **Könik**. Ausnahme: Es folgt ein Vokal auf das **-ig**. Also: **Könige**, nicht **Köniche**. Einige Dinge solltest du nicht übermäßig betonen. **Machen** sollte eher nach **machn** als nach **machän** klingen. Damit haben wir schon die zwei häufigsten Aussprachefehler abgedeckt. Die Regelliste allerdings ist noch viel, viel länger.

Betone an der richtigen Stelle! Betont wird im Satz immer das, was für den Hörer wichtig oder neu ist. Sprachwissenschaftler nennen so ein Wort Rhema, also Satzgegenstand. Meistens findest du dieses Wort im hinteren Teil des Satzes. Viele leiden beim Lesen von Texten am Vorlesesyndrom und betonen das letzte Wort eines Satzes – das ist aber meistens nicht das Rhema. Ein Beispiel: **„Hillary Clinton will neue US-Präsidentin** werden." Die Hauptbetonung liegt auf **"US-Präsidentin"**. Du glaubst nicht, wie viele das Wort **"werden"** betonen würden. Nach dem letzten betonten Wort im Satz geht die Stimme übrigens runter – bis zum Satzende. Außer natürlich, es handelt sich um eine Frage. Dann geht sie nach oben.

Achte auf regionale Eigenarten! Wenn du deinen Podcast im Rheinland aufnimmst, **"schwümmen"** bei dir die Menschen vielleicht, und sie schwimmen nicht. Im Norden **"schtolperst"** du nicht über den **"schpitzen Schtein"**, sondern du stolperst – gesprochen wie geschrieben. Sei dir dessen einfach bewusst. Manchmal ist es nicht schlecht, zu wissen, woher die Menschen wissen, ob du Kölner oder Hamburger bist. Wenn du jemanden aus Hannover kennst: Dort spricht man das beste Hochdeutsch!

Kleine Interview-Schule

Es ist ja schon allein schwierig genug – wie soll es dann erst mit einem Gast sein? Der erste Schritt: Denke einfach nicht so oft an das Wort Interview. Gespräch ist viel besser. Sprich mit deinem Gegenüber so, wie man halt mit jemandem spricht. Dann hast du die wichtigste Barriere im Kopf schon einmal überwunden, und wenn du gut vorbereitet bist, kann eigentlich nichts mehr passieren.

Die Vorbereitung für ein Interview ist nicht schwierig: Sammle die Fakten, schreibe dir die Fragen auf, und lege dir einen groben Leitfaden fest, an dem du dich thematisch entlanghangeln möchtest. Wie du das Interview aufbaust, kommt natürlich ganz darauf an, um welches Thema es geht, welcher Gast da vor dir sitzt, welches Ziel du mit dem Interview verfolgst und wie viel Zeit du hast.

Das kritische Interview. Geht es darum, deinen Gesprächspartner auseinander zu nehmen? Dann achte darauf, dass du auf jeden Fall alle Fakten extrem gut kennst. Sonst kann es peinlich werden. Ausflüchte lässt du nicht zu, du sprichst die Fragen mit deinem Gegenüber vorher nicht ab und bleibst immer schön eng am Thema. Aber: Du wirst auch nicht unfair. Damit machst du dich selbst unglaubwürdig.

Das thematische Interview. Hier kannst du schon etwas lockerer vorgehen. Achte einfach darauf, dass du alle Aspekte nacheinander abhakst und nicht hin- und herspringst. Hintergrundfragen sind möglich, du solltest aber nicht zu weit abweichen. Du als Moderator kennst dich grundlegend aus, aber du darfst – wie die Hörer es vielleicht auch tun würden – auch mal unbedarft nachfragen, wenn es nicht gerade an Stellen ist, an denen es für dich peinlich wäre, nicht Bescheid zu wissen.

Das persönliche Interview. Dein Gegenüber steht als Person im Mittelpunkt? Ein langes Vorgespräch ist extrem wichtig, damit ihr euch kennen- und mögen lernt. Du solltest aber nicht die gleichen Fragen stellen, die du später auspacken möchtest. Sonst werden die Antworten beim zweiten Mal zu kurz. Wenn du gut auf Leute zugehen kannst, ist dieses Interview kein Problem. Bleibe locker, achte aber auf deinen roten Faden. Vom Konzept abweichen ist erlaubt, wenn es sich lohnt.

Für alle Interviews gilt: Sei ein guter Gastgeber, interessiere dich für deinen Gast, höre zu, was er sagt, und bleibe vor allem fair, egal wie hart es wird! Verhalte dich genauso wie deine Hörer in diesem Moment. Und hoffe darauf, dass dein Gast auch ein angenehmer Gast ist. Das allerdings sind die meisten!

Wohlfühlen beim Aufnehmen

Wenn du einen Podcast aufnimmst, sollten die Rahmenbedingungen stimmen. Schaffe dir deine Umgebung so, dass du dich wohlfühlst. So entstehen Momente, in denen deine Arbeit richtig in Fluss kommt, bei denen die Gedanken und die Ergebnisse stimmen. Bei vielen fängt das mit einem einfachen Kaffee an, damit es schön gemütlich wird. Vielleicht bist du nur Sonntagnachmittags in der richtigen Stimmung? Nur alleine? Nur abends? Vielleicht nicht am Schreibtisch, sondern nur auf deinem großen, gemütlichen Sofa? Versuche Stück für Stück herauszufinden, wann du kreativ bist. Und setze dich bequem hin, damit auch deine Stimme entsprechend bequem wirkt. Wenn du locker bist, wird auch dein Podcast richtig gut.

Deine Stimme ohne Hall

Es hallt, wenn du deinen Podcast aufnimmst? Dann sitzt du vermutlich einfach im falschen Raum. Je weniger um dich herum an Möbeln oder anderen Dingen zu finden ist, desto stärker reflektieren die Wände den Schall. Deshalb tapezieren Musiker ihre Proberäume oft geschmackvoll mit leeren Eierkartons – die fangen den Schall. Du musst aber nicht unbedingt deine komplette Wohnung verunstalten. Wechsele einfach den Raum oder häng dir ein paar Bettlaken quer durchs Zimmer. Dann geht es schon.

Hörerbindung

Du willst, dass deine Hörer regelmäßig **einschalten** und deinen Podcast nach einer gewissen Zeit nicht wieder aus ihrem Podcatcher löschen? Schaffe dir am besten erst einmal eine Hörerbasis, indem du dich inhaltlich ausrichtest. Entweder, du veröffentlichst einen Podcast, der ein bestimmtes Thema behandelt: Damit erreichst du genau die, die das Thema interessiert; oder du bist jemand, der einfach wirklich interessante Geschichten erzählt.

Podcaste regelmäßig. Du vermeidest damit, dass einige deinen Podcast wieder abbestellen, weil sie denken, da kommt nichts mehr. Wenn einmal Hörer da sind und dir Feedback geben und die kuriosesten Geschichten erzählen, wie sie auf deinen Podcast gestoßen sind, ist das einer der schönsten Momente. Gehe auf die Hörer ein. Eine beliebte Form der

Kommentare sind die per MP3 – du kannst deine Hörer dazu aufrufen, sie dir einfach zu mailen.

Wenn du Kommentare auf deinen Podcast erhältst, reagiere auch darauf. Kritik solltest du dir allerdings nur zu Herzen nehmen, wenn sie konstruktiv ist. Anonyme Kommentare, die deine Sendung runterreißen, ignorierst du am besten, denn dahinter stecken oft nicht mehr als Neid oder schlechte Manieren. Am Anfang ist es schwirig, damit umzugehen. Tatsächlich ist es aber wie im Kindergarten, wenn dich andere Kinder geärgert haben. Damals haben deine Eltern dir wahrscheinlich geraten: **„Einfach ignorieren, dann hören die auf!"** Das gilt auch fürs Netz.

Bloß nicht nervig werden!

Schlimm wird es, wenn das Thema deines Podcasts in den Hintergrund rückt, weil du nur noch über dich selbst redest. Dann wird dein Podcast zur berühmten Nabelschau. Das fällt bei vielen Podcasts auf, die Probleme haben oder plötzlich richtig bekannt geworden sind.

Nervfaktor: zu viel über sich selbst reden

Du beginnst damit, dich mit dir selbst zu beschäftigen. Das muss von Zeit zu Zeit auch mal sein, aber wenn es am Ende überwiegt, dann ist dein Podcast nicht mehr der, der er mal war, als er so bekannt wurde.

Nervfaktor: Insider-Witze

Insider-Witze sind bei Radiomachern oft sehr beliebt. Wenn der Hörer sie gar nicht erst mitbekommt, ist das in Ordnung. Bekommt er sie aber mit und versteht sie nicht, nervt es schnell – auch wenn es für alle Beteiligten am Podcast selbst lustig ist. Versuche deshalb, Insider-Witze zu vermeiden, oder so gut zu verstecken, dass wirklich nur die sie kapieren, die es angeht.

Jingles für den Podcast

Was wäre der **Spreeblick**-Podcast (➲ **spreeblick.com**) ohne sein geschrammeltes **I live by the river**, was wäre **Schlaflos in München** (➲ **schlaflosinmuenchen.com**) ohne seine berühmte Erkennungsmelodie zu Beginn. **Erkennung** ist da auch genau das Stichwort. Soundelemente in einem Podcast wie Intros und Outros bezeichnet man als Jingles. Setzt du solche Jingles ein, bekommt dein Podcast einen höheren Wiedererkennungswert – er brennt sich beim Hörer ein. Was gut ist.

Du kannst Jingles mit jedem guten Soundprogramm bearbeiten, unter anderem auch mit Audacity, das wir dir in Kapitel 4 ja schon ausführlich vorgestellt haben. Die wichtigste Frage ist aber: Wie kommst du an die Sounds für solche Jingles? Ein Jingle kann ein kurzer, einprägsamer Ausschnitt aus einem Musikstück sein – solange du dafür Podsafe Music benutzt. Dann ist es recht einfach herzustellen. Es können aber auch

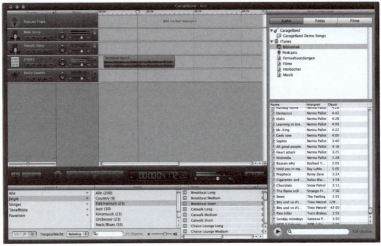

Jingles, Stinger und Toneffekte im GarageBand-Loop-Browser

ein paar Sekunden Sound sein, die du dir aus unendlichen vielen einzelnen Sounds, Musikschnipseln und Geräuschen zusammengesetzt hast. Das ist eine extrem aufwendige und komplizierte Sache – Radiosender geben deshalb regelmäßig Unsummen für komplette Jingle-Pakete aus.

Probiere deshalb in Ruhe aus, wenn du dir dein Jingle selbst basteln möchtest. Es gibt keine festen Regeln dafür. Hauptsache, man erkannt das Jingle schnell wieder, und es ist nicht zu lange. 30 Sekunden als Intro für deinen Podcast sind schon hart; oft reichen etwa 15 Sekunden. Eine interessante Form ist auch, wenn du dir eine spezielle **Podcast-Stimme** zulegst. So wie die Stimmen, die beim Opener der Nachrichten im Radio den Namen des Senders und das Wort **Nachrichten** sagen. Vielleicht hat einer deiner Freunde oder Bekannten eine schöne Stimme, die sich genau dafür eignet.

Jingles mit GarageBand

Fantastisch für die Produktion von Jingles ist das Programm GarageBand von Apple, das du allerdings nur auf dem Mac einsetzen kannst. In Kapitel 4 (s. Seite 80) konntest du ja schon ausgiebig nachlesen, wie du einen kompletten Podcast mit dem Programm aufnehmen, produzieren und veröffentlichen kannst.

GarageBand liefert 200 verschiedene Jingles mit, bei denen du dich richtig austoben kannst. Dazu öffnest du am unteren Rand des Programms einfach den Loop-Browser. Wenn du nicht auf die fertigen Jingles zurückgreifen möchtest, kannst du dir aus Podsafe Music, den GarageBand-Jingles, Stingern und Toneffekten auf den verschiedenen Tonspuren des Programms dein eigenes Jingle basteln. Dafür brauchst du zwar etwas Zeit, aber danach hört sich dein Podcast garantiert einzigartig an.

9 Die Homepage als Podcast-Begleiter

Eine ansprechende Homepage als Begleitung ist mindestens so wichtig wie ein guter Podcast. Beides sollte also schon einhergehen, denn groß wird dein Podcast nicht unbedingt, wenn du ihn nur nackt zum Beispiel über iTunes veröffentlichst. Auf deiner Homepage kannst du Dinge zeigen, über die du im Podcast nur sprechen kannst. Hier kannst du deinen Hörern weitere Links und Infos anbieten. Wenn du nicht gerade unsichtbar bleiben möchtest: Viele mögen es, zu sehen, wer da spricht. Ein Foto und eine kurze Info über dich sind nie schlecht.

Die entsprechenden Tools, mit denen du den Podcast in Homepage-Form darstellen und verwalten und auch die zusätzlichen Shownotes bereitstellen kannst, haben wir dir schon vorgestellt, und die rechtlichen Fragen haben wir in Kapitel 7 (s. Seite 130) geklärt. An dieser Stelle findest du zwei Dinge, mit denen du deine Homepage noch zusätzlich ausstatten kannst: das Podcast-Logo und die Frappr-Map.

Podcast-Logo

Das Podcast-Logo ist eine Idee der deutschen Podcasterin Annik Rubens (⊃ **schlaflosinmuenchen.com**), die ein Erkennungszeichen für die Podosphäre schaffen wollte – egal ob für den Einsatz auf Homepages oder T-Shirts und Ansteck-Buttons. Annik Rubens hat einen freien Wettbewerb gestartet, bei dem jeder seine Vorschläge einreichen und auch für andere abstimmen konnte.

3.000 haben am Ende entschieden, und Gewinner aus 94 Einsendungen wurde der Entwurf von Peter Marquardt vom Lemotox-Podcast (⊃ **le motox.de**). Er hat das orangefarbene Symbol für RSS-Feeds plastisch dargestellt und ihm einen Kopfhörer aufgesetzt. Das Podcastlogo kannst du dir in verschiedenen Varianten und Farben in hochauflösenden Versionen herunterladen (⊃ **podcastlogo.com**) und darfst es frei verwenden – es steht unter einer Creative-Commons-Lizenz.

Podcastlogo (Bild: podcastlogo.com/ Peter Marquardt)

Frappr- und Google-Maps

Frappr- und Google-Maps sind andere Formen von Gästebüchern. Mit ihnen kannst du auf deiner Homepage zeigen, wo die Menschen wohnen, die deinen Podcast hören. Frappr- und Google-Maps sind Weltkarten, die du einbinden kannst und in denen digitale Pin-Nadeln stecken – eine für jeden Hörer, egal ob er aus Bad Salzuflen, Belgien, China oder Brasilien kommt. Die Hörer können sich selbst eintragen, ein Foto von sich hochladen und eine kleine Nachricht hinterlassen. Das ist für den Besucher deiner Podcast-Homepage eine interessante Sache, aber auch für dich selbst.

Wenn du deinen Podcast auch im Verzeichnis von **podster.de** veröffentlichst, bekommst du automatisch eine Google-Map zur Verfügung gestellt, in die sich alle eintragen, die deinen Podcast über **podster.de** abonnieren.

Einen ähnlichen Service wie Google bietet auch Frappr mit seinen Frappr-Maps an (➜ **frappr.com**). Genutzt werden sie zum Beispiel vom Fan-Podcast zur Fernsehserie **Lost** aus Hawaii, der mittlerweile weit über 2.000 digitale Pin-Nadeln zählt. Der deutsche Podcast **Filme und so** von Time Hetzel (➜ **filmeundso.de**) kommt auf über 300 Einträge. Michael aus Singapur lässt da zum Beispiel wissen, dass **Filme und so** sein absoluter Muss-Podcast über den Samstag ist. Es ist unglaublich interessant zu sehen, woher die ganzen Hörer kommen, die sich das antun, was du da verbrichst.

Frappr-Map: Schritt für Schritt

Du kannst dir deine eigene Frappr-Map in wenigen Schritten ganz ein-

Google-Map zu **Was mit Medien** bei **podster.de** – die Hörer sitzen quer durch ganz Deutschland verteilt (Bild: podster.de)

Kapitel 9 – *Die Homepage als Podcast-Begleiter*

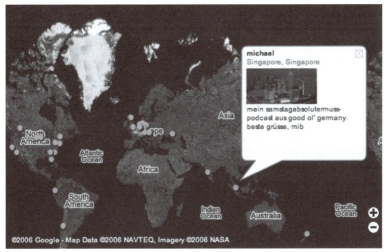

Grüße vom Podcast-Hörer aus Singapur (Bild: **frappr.com**)

fach selbst anlegen und auf deiner Homepage einbinden.

1. Sich selbst auf der Karte eintragen

Klicke unter **frappr.com** ganz oben rechts auf **Create Map**. Danach bekommst du eine leere Weltkarte angezeigt und wirst aufgefordert, dich darin zunächst selbst einzutragen – mit Namen, E-Mail-Adresse, eventuell einem Foto und einer kurzen Nachricht. Frappr platziert deinen Eintrag übrigens automatisch dort, wo du wohnst. Klickst du auf **Add me!**, hast du dich eingetragen. Da-

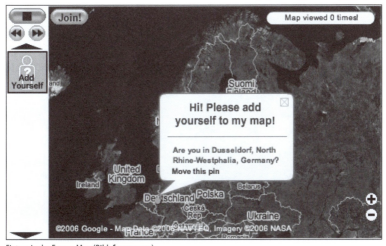

Eintrag in der Frappr-Map (Bild: **frappr.com**)

nach kannst du dir in dem blauen Feld über der Karte die Größe aussuchen, in der die Frappr-Map auf der Homepage erscheinen soll. Durch einen Klick auf **Save** wird die Karte angelegt.

2. Freunde einladen

Damit deine Frappr-Map nicht gleich zu Anfang ganz leer ist, kannst du jetzt deine Freunde und Bekannten dazu einladen, sich einzutragen. Dafür kannst du auch Einträge aus deinen Adressbüchern bei Yahoo!, MSN Hotmail oder Google Mail importieren. Du kannst diesen Schritt aber auch einfach überspringen.

3. Frappr-Map in die Homepage einbauen

Liegt deine Homepage bei MySpace, Friendster, Xanga, Blogger oder Hi5, stellt Frappr dir einen speziellen HTML-Code zur Verfügung, den du in die Zwischenablage kopieren kannst. Den Code für deine private Seite oder die bei anderen Anbietern findest du unter dem Punkt **Other sites**. Du kannst aber auch nur einen einfachen Link auf die Frappr-Map auf deine Homepage setzen. Die Adresse, die du dazu brauchst, findest du rechts oben – kopieren, einfügen, fertig.

HTML-Code zum Einbinden der Frappr-Map auf deiner Homepage (Bild: frappr.com)

10 Geld verdienen

Alle großen Trends im Netz haben oft eines gemeinsam: Sie werden von Menschen angeschoben, die Herzblut investiert haben, ohne dafür Geld zu sehen. Menschen, die einfach an die Sache glauben. Als das Internet davor stand, massenfähig zu werden, war es so. Bei freier Software, die dann groß wird, war das schon immer so. Als der Hype um die Weblogs begann, war es so. Und beim Podcasten ist es genauso: Zu Anfang haben die das Sagen, die man auch als Idealisten bezeichnen kann – ohne sie damit beleidigen zu wollen.

Werbung in Podcasts ist deshalb eine Sache, die du vorsichtig angehen solltest. Schelte von den Podcaster-Kollegen kann es schnell geben – und das zu Recht! Es gibt ja schon genug Werbung im Netz, die als Pop-up im Browser aufspringt oder als E-Mail bei dir ankommt. Trotzdem: Vielleicht läuft dein Podcast irgendwann richtig gut, und du hast eine stattliche Zahl an Hörern zusammen. Dann ist es nur legitim, dass du dich dafür auch ein bisschen selbst entschädigst. Denn es steckt ja mitunter viel Arbeit hinter diesen paar Audiodateien, die du da regelmäßig hochlädst.

Mittlerweile gibt es einige Möglichkeiten und auch konkrete Angebote für Podcaster, über Werbung an Geld zu kommen. Wir möchten dir an dieser Stelle einige vorstellen; vorher aber unser Ratschlag: Werbung solltest du nur gezielt und dosiert einsetzen, und am besten ist immer die Werbung, die auch thematisch mit deinem Podcast zu tun hat. Teile deinen Hörern mit, was Werbung ist oder von welchem Sponsor sie stammt, und gut ist es. Du solltest am Ende nur nicht zur reinen Werbeshow verkommen, denn mal ehrlich: Wenn du einen anderen Podcast hörst – möchtest du das?

Verschiedene Verdienstmöglichkeiten

Kritiker nennen es Schleichwerbung, andere sprechen vom Product Placement. Und während man beim Fernsehen darüber streitet, hast du mit deinem Podcast alle Möglichkeiten.

Sponsoren für deinen Podcast

Wenn du einmal groß genug bist – und damit meinen wir: wirklich sehr groß –, kommen die Sponsoren mit etwas Glück von alleine. Der **Spreeblick**-Podcast (➲ spreeblick.com) zum Beispiel wurde eine Zeit lang von Magix gesponsert, und Johnny Haeusler hat das ganz hervorragend im Stil seiner Show verpackt – inklusive kurzer Werbejingles davor und vor allem danach: **„So, Werbung vorbei! Ihr könnt wieder reinkommen!"**

Werbespots für deinen Podcast

Eine der besten Möglichkeiten, an Geld zu kommen, sind Werbespots

Kapitel 10 – *Geld verdienen*

in deinem Podcast. **audioads.de** und **adplace.com** sind zwei Anbieter dafür. Bei ihnen meldest du dich mit deinem Podcast an und bekommst danach von Zeit zu Zeit einzelne Werbekampagnen vorgeschlagen, die du annehmen oder ablehnen kannst. Bist du bei einer Kampagne mit dabei, gibt es pro Download einen bestimmten Betrag. Bei 500 Hörern und 15 Cent pro Download kommst du so schon auf 75 Euro – allerdings auch nur so lange, wie der Werbekunde Einblendungen gebucht hat. Die Werbespots selbst laufen meist zu Anfang der einzelnen Podcast-Episoden.

Spenden für deinen Podcast

Eine andere gute Möglichkeit: Bitte deine Hörer und Homepage-Besucher um Spenden. Du kannst dich dafür zum Beispiel bei PayPal (⊃ **paypal.de**) anmelden. Die Besucher können sich dann selbst aussuchen, ob es ihnen wert ist, dir einmalig oder auch regelmäßig etwas für deinen guten Podcast zu spenden. Du musst dafür nicht unbedingt direkt auf offensive Betteltour gehen. Der MacManiacs-Podcast des Österreichers Holger Schmidt (⊃ **macmaniacs.at**) ist ein gutes Beispiel dafür, wie du unaufdringlich, aber prominent einen **PayPal**-Button auf deine Homepage einbinden kannst.

audioads.de bietet Werbespots als Einblendungen in deinem Podcast (Bild: audioads.de)

Kapitel 10 – *Geld verdienen*

PayPal-Button auf der MacManiacs-Homepage (Bild: macmaniacs.at)

Geld verdienen durch deine Homepage

Bei deinem Podcast steckt zurzeit noch sehr viel in den Kinderschuhen, was das Geldverdienen angeht. Wir haben dir in diesem Buch ja schon empfohlen, zusätzlich zu deinem Podcast auch eine gute Homepage auf die Beine zu stellen. Das hilft dir auch in Sachen Geld weiter, denn da sind die Möglichkeiten schon viel weiter fortgeschritten.

Die bekannteste Variante, an Werbung auf deiner Homepage zu kommen, sind die Google-Ads. Du kannst dich über die Google-Homepage (➔ **google.de/adsense**) beim AdSense-Programm anmelden und bekommst danach für jeden Klick auf

Google-Anzeigen beziehen sich inhaltlich immer auf die Seite, die du gerade anzeigst – in diesem Beispiel auf die einer freiberuflichen Grafikerin

153

eine der Anzeigen einen bestimmten Betrag.

Andere Möglichkeiten sind Partnerprogramme, zum Beispiel von Amazon (⊃ **partnernet.amazon.de/gp/associates/join/**). Sprichst du in deinem Podcast über ein Buch oder eine DVD, kannst du in den Shownotes einen speziellen Link dazu einbauen. Für jede Bestellung bekommst du dann eine Provision. Ähnliches bieten auch affilinet (⊃ **affili.net**) und TradeDoubler (⊃ **tradedoubler.de**). Beide haben etliche Unternehmen als Kunden, und auch hier gibt es Provisionen, falls es zu einer erfolgreichen Bestellung kommt. Bei Trade Doubler kannst du so zum Beispiel einzelne Musikstücke oder ganze Alben bei iTunes verlinken. Für deine Homepage gilt aber ebenso wie für deinen Podcast: Setze die Werbung gezielt und dosiert ein! Eine reine Werbeveranstaltung vergrault nach und nach die Hörer und Besucher.

Geld verdienen mit audioads. de: Schritt für Schritt

1 Podcasts anmelden

Beim ersten Besuch auf **audioads.de** kannst du dich über einen Klick auf **Jetzt registrieren** im System anmelden. Hast du deinen Account aktiviert, findest du in deinem Zugang unter dem Punkt **Podcast** verschiedene Kategorien, über die du deine Podcasts verwalten kannst. Wenn du auf **Anmelden** klickst, wirst du automatisch durch die Anmeldung für deinen Podcast geführt. **audioads.de** fragt dich zunächst nach der Adresse deines RSS-Feeds, den du weiter komplett selbstständig verwalten kannst. Danach musst du weitere Angaben zu deinem Podcast machen: Ist er privat oder kommerziell? Wie oft erscheinen neue Episoden? Wie viele Hörer hat er? Und womit beschäftigt er sich thematisch? Das hilft **audioads.de**, Werbekunden zu finden, die auch auf dich zugeschnitten sind.

Übersicht der bei **audioads.de** angemeldeten Podcasts (Bild: audioads.de)

2. Kampagnen bestätigen oder ablehnen

Einmal angemeldet, prüft **audioads. de** erst einmal, ob dein Podcast überhaupt in Ordnung ist. Danach bekommst du von Zeit zu Zeit Vorschläge für verschiedene Werbekampagnen. Wenn dein Podcast für eine Kampagne in Frage kommt, kannst du zustimmen oder ablehnen. Alle Kampagnen, an denen du bisher teilgenommen hast oder zurzeit teilnimmst, findest du unter dem Punkt **Kampagnen**. Was du bisher über **audioads.de** verdient hast, kannst du in den **Statistiken** ablesen. Ausgezahlt wird jeweils, sobald du einen bestimmten Betrag überschritten hast.

Kapitel 10 – *Geld verdienen*

Kampagnenübersicht (Bild: audioads.de)

3. Neue Episode hochladen

Das Schöne an **audioads.de** ist, dass du Geld bekommst und gleichzeitig sparst – am Speicherplatz nämlich, auf dem deine MP3-Dateien liegen. Die neuen Podcast-Episoden legst du jedes Mal auf dem Server des Unternehmens ab. Dazu klickst du auf den Punkt **Dateien** und kannst danach deinen fertigen Podcast hochladen. An dieser Stelle wird auch automatisch der Werbespot eingefügt, das heißt: Du brauchst dich um die Kampagne selbst nicht kümmern. Hast du deine Datei hochgeladen, spuckt **audioads.de** dir die URL aus, unter der sie erreichbar ist. Die kannst du in deinen RSS-Feed kopieren, und schon klingelt die Kasse.

Hochladen einer neuen Podcast-Episode (Bild: audioads.de)

Index

A

Adam Curry	12, 13, 56
AKG C444L	49
all-inkl	94
Andreas Schäfer	44
Andrea W. will's wissen	41
Angela Merkel	46
Annik Rubens	15, 40, 87, 127, 147
Ansteckmikrofon	52
Antenne Düsseldorf	62
Audacity	54, 55, 63
Audioblogging	12
AudioFeeds.org	133
Audioformate	78
Audio Hijack Pro	66
Aufnahme bewerten	69
Aufnehmen	63

B

Behringer XENYX 1002 FX	58
Bekanntmachung	122
Beleidigungen	136
Bitrate	64
blogg.de	111
Blogger	110
blogspiel	92
blogstrasse.de	95
Bluebox	46
Broadcast	12
bundeskanzlerin.de	46

C

Carola Haase-Sayer	47
CastBlaster	56
ccMixter	134
cczwei.de	43
Chicks on Tour	44
Computerclub 2	42
Couchpotatoes	44, 86
Creative-Commons-Lizenz	131, 135
Cubase	59
Cyberduck	103

D

Daniel Fiene	45
Deutscher Podcast-Award	129
Deutschlandradio	92
Doccasts	15
domainFACTORY	94
dopcast.de	37, 126
Doppelmoderation	141
Drop-ins	60

E

Edirol	51
Edirol R9, Roland	87
Ehrensenf	47
Equipment	
Ansteckmikrofon	52
externe Soundkarte	50
iTalk	52
Kassettenrekorder	52
Mikrofon	48
MiniDisc-Gerät	52
MP3-Aufnahmegerät	51
Poppschutz	49
Externe Hoster	118
Externe Soundkarte	50

F

Feed-Validator	101
FeedBurner	102
Feedreader	29
fiene,horn blogstrasse	95
FileZilla	102
Frappr	147
Frappr-Map	148
Fraunhofer-Institut	79

Index

Fremdes Material 136

G

GarageBand 55, 80
   Jingles 146
   Portal 132
Geld verdienen 151
GEMA 128, 130
Gerrit van Aaaken 114
Google-Maps 147
Google Blog-Suche 111
Griffin 52

H

Headset 49
Herr Pöhler 45
Hipcast 121
Holger Schmidt 41
Homepage 147, 153
Hörerbindung 144
Host Europe 94

I

ID3-Tags 77, 80
iLife 56
Impressumspflicht 137
Ingo Schmoll 42, 88
Interview-Schule 143
iPod 12, 31
iPodder 12, 26
iSight-Kamera 87
iTalk 52
iTunes 13, 18, 22, 31, 122
iTunes-Store 79
iTüpfelchen
   Aufnehmen 144
   Doppelmoderation 141
   Hörerbindung 144
   kleine Interview-Schule 143
   Nervfaktoren 145
   richtig moderieren 140
   richtig sprechen 139
   Stimme ohne Hall 144
   Stimme und Sprache 141

J

J!Cast 88
Jingles 145
Johnny Haeusler 42
Juice 26

K

K&M 50
Kassettenrekorder 52
Katrin Bauerfeind 47
Klangqualität 80
Klinkenstecker 49
Komplettproduktion 80
Kompressor 58
Komprimierung 79

L

LAME-Encoder 73
Larissa Vassilian 40
Laura Dierking 88
Lautstärke 65
Lautstärkeunterschiede 62
Live-on-tape 60
Logbücher 91
Loudblog 114

M

M-AUDIO 51
M4A 78
M4V 78
MacManiacs 41
Marantz 51
Material aufnehmen 60

Material schneiden	69
MAYCOM	51
Medienrauschen	16
Meta-Podcasts	14
Mikrofon	48, 57
MiniDisc-Gerät	52
Mischpult	58
Moderieren	140
MOV	78
MovableType	110
MP3	78
MP3-Aufnahmegerät	51
mp3DirectCut	74
MP4	78
MPEG-1 Audio Layer 3	79
MPEG-4-Format	79
MPEG4-Format	89
Musik-Podcasts	14
myblog.de	110

N

Nachschneiden	74
Nervfaktoren	145
Newsletter	19
Nicole Brinkmann	42
Nokia	34

O

Odeo	121
Offline-Networking	128
Oliver Bertram	44
Online-Networking	127

P

PDF	78
peppr.de	39
Personality-Podcasts	14
Peter Marquardt	147
phonecaster.de	33
PHP	93

Pingbacks	91
Plan B	42
PlayStation Portable	34
Podcamp	129
Podcast	11
hören	16
Podcast-Abo	19
Podcast-Episode	74
Podcast-Seiten	35
dopcast.de	37
peppr.de	39
podcast.de	36
podster.de	35
wiki.podcast.de	38
Podcast-Software	52
MAGIX Podcast Maker	53
Podcast Factory	54
Podcast Producer	52
PODCASTSTUDIO	54
Propaganda	53
WebPod Studio	53
Podcast-Tarif	130
podcast.de	36, 126
Podcast abonnieren	19
Internet	24
iTunes	22
Juice	26
Winamp	20
Podcastday	128
Podcast Factory	54
Podcast hören	
Feedreader	29
Handy	34
iPod	31
PSP	34
Telefon	33
unterwegs	30
Podcasting	11
podcasting.fm	86
Podcastlogo	147
Podcast produzieren	
Aufnahme	60
Bekanntmachung	122

i-Tüpfelchen	139	**S**	
Rechtliches	130		
Veröffentlichung	90		
Vorbereitung	48	Samplefrequenz	64
		Schlaflos in München	15, 40, 87
Podcast-Studio	54	Schleichwerbung	137
Podcast-Verband	128	Schneiden	69
PodcatcherMatrix	30	Schnittproduktion	62
PodHost.de	94	Screencasts	15
PodProducer	56	Skype	66
Podsafe Music	131	Sonderzeichen	101
podsafe music	14	Soundbearbeitung	59
PodShow podsafe Music Network	131	Speicherplatz	92
		Spenden	152
podster.de	13, 35, 126	Sponsoren	151
Poppschutz	49	Sprechen	139
PrettyMay	66	Spreeblick	42, 46
Propaganda	53	Starbucks	13
		Stereomix	64
Q		Stimme	62
		ohne Hall	144
QuickTime-Format	79	und Sprache	141
		Stimmprozessor	58
R		Strato	93
		StreamOnTheFly	92
Radio-Podcasts	14		
Radio brennt!	42, 88	**T**	
Radio Kiepenkerl	45		
Radio on Demand	9	t.bone EM 800	48
Raimund Fichtenberger	42	Tagebücher	91
Rainer Bender	47	Technorati	111
Rechtliches	130	Telefonhybrid	59, 66
Rickie	44	Telefoninterview	66
RSS-Datei	89	Themen-Podcasts	15
abspeichern	100	Third Place	13
bauen	96	Thomas Wanhoff	44
Grundgerüst	97	Tina	44
Item-Element	98	Toni Mahoni	46
Kopfbereich	97	Trackbacks	91
MP3-Datei verlinken	99	Traffic	92
		Transmit 3	103
RSS-Feed	20, 90	twoday.net	111
aufmotzen	102	TypePad	110
überprüfen	101		
Upload	102		

Index

U

Übercaster	56
USB-Kabel	31

V

Verboten
- Beleidigungen — 136
- fremdes Material — 136
- Schleichwerbung — 137
- verfälschte Interviews — 137

Verfälschte Interviews	137
Veröffentlichung	90
Video-Podcasts	15, 45, 89
Videoformate	78
Videokamera	89
Vorbereitung	48

W

Was mit Medien	9, 45
WaveLab	59
Web 2.0	10
Webcam	89
Webhost-Wochenmarkt!	92
webhostlist.de	94
Weblog	60, 90
Webmail	19
Werbespots	151
wiki.podcast.de	38
Wimpy-Player	17
Winamp	18, 20
Windows Media Player	18
wissenschaft.wanhoff.de	44
WLAN-Hotspot	34
WMV-Format	89
Wolfgang Back	43
Wolfgang Rudolph	43
WordPress	106, 111
WS_FTP	103

X

Xanga	91
XLR-Stecker	49

Y

YouTube-Video	64